6

Valentin Braitenberg · *Gescheit sein*

VALENTIN BRAITENBERG

Gescheit sein

und andere
unwissenschaftliche
Essays

HAFFMANS VERLAG

Umschlagzeichnung von
Tatjana Hauptmann

Erstausgabe
1.–6. Tausend, Herbst 1987

ISBN 3251001124

Inhalt

GESCHEIT SEIN

1.

Ich erinnere mich, als Kind, wie meine Mutter und ihre Freundin unter einer Linde sich darüber unterhielten, welcher von ihren beiden Männern der gescheiteste im Dorf sei. Man lernt die Wörter zusammen mit der Szenerie ihres ersten Gebrauchs, ohne sie eigentlich zu begreifen. Natürlich hat man mir auch oft gesagt: sei gscheid! oder: sei nit so thumm! Aber es war für mich damals und ist heute noch schwer zu verstehen, mit welcher Anstrengung man sich verändern müßte, um dieser Aufforderung nachzukommen. Übrigens war das wohl ganz konkret gemeint: sei gescheit und setz die wollene Mütze auf, oder: sei nicht so dumm und komm jetzt gleich herein. Solche Aufforderungen konnte ich verstehen.

Man kann sich fragen, ob dem Zeitwort ›sein‹ überhaupt zu Recht ein Imperativ zusteht. Wer hat damit angefangen? Die alten Indogermanen? Die Schule stand, von Anfang an, unter dem Druck solcher Imperative: sei brav, sei fleißig, sei gescheit. Ich bin jetzt in der 54. Schulklasse und habe in diesem Punkt immer noch ein ungutes Gefühl. Auch weiß ich noch immer nicht, welcher von den beiden, der Vater oder der Onkel, der gescheitere war. Der Onkel hat ein großes Vermögen hinterlassen, der Vater einen schönen Garten.

Und doch werde ich von Berufs wegen manchmal gebeten, über die Intelligenz von Leuten zu urteilen, zum Beispiel, ob sie weit genug hervorragt, um die Aufnahme in die Studienstiftung des deutschen Volkes zu ermöglichen, oder ob sie für einen Lehrstuhl reicht. Die Frage ist meistens in einer komplexen Form verstellt, gemeint ist aber dasselbe, was die beiden Damen damals im Sinn hatten. Auch meine Antwort ist verstellt und oft sehr zögernd. Es hilft mir auch nichts, daß ich Psychiatrie gelernt habe: tausend Geisteskranken in die Augen geschaut. Ich kann mit einiger Sicherheit Diagnosen stellen. Das schärft den Blick auch für die unauffälligeren, noch innerhalb der Norm liegenden Varianten der geistigen Konstitution. Aber die Einschätzung des Intelligenzniveaus fällt mir nach wie vor sehr schwer. Ich weiß zwar, daß, wenn ich mit jemandem im Gespräch immer wieder kontaktlos bleibe, das eher an einem Unterschied in der Intelligenz liegt als an unterschiedlichen Philosophien. Nur weiß ich oft nicht, welcher von uns beiden der Dümmere ist. Ich habe aufgrund solcher empfundener Kontaktlosigkeit schon einige Jahre in stiller Verehrung einer höheren Intelligenz zugebracht und dann zufällig gemerkt, daß der Unterschied wohl deutlich, aber in der anderen Richtung war. Das Umgekehrte ist auch schon, wahrscheinlich sogar öfter, vorgekommen. Es komme mir aber keiner mit Intelligenzrelativismus. Sicher, man darf nicht zu genau messen, feine Unterschiede sind eine Sache des Geschmacks. Aber wenn der Unterschied so groß ist, daß er Aneinandervorbeireden auf verschiedenen, sich nicht mehr berührenden Niveaus bewirkt, dann sollte sich früher oder später wohl herausstellen, auf welchem Niveau man besser weiterkommt.

2.

Es folgen ein paar Beobachtungen, aus denen hervorgehen soll, daß meine Unsicherheit in Sachen Intelligenz zwar beunruhigend, aber nicht gestaltlos ist.

Erste Feststellung: Es gibt Unterschiede in der Effizienz des Denkens. In unzähligen Fällen beobachtet man, daß der A mit Problemen besser fertig wird als der B, das heißt sie schneller, gründlicher und müheloser lösen kann. Wenn das auch noch Probleme ganz verschiedener Art sind, z.B. sowohl die geschickte Formulierung der Abschiedsrede für einen unangenehmen Mitarbeiter als auch das Erlernen einer Programmiersprache und das Zusammensetzen eines chinesischen Puzzles, so liegt der Verdacht nahe, daß dem einen mehr von einer gewissen allgemein anwendbaren Geschicklichkeit mitgegeben wurde als dem anderen. Von wem mitgegeben, ist dabei noch nicht gesagt.

Gewiß, es gibt genug Beispiele für einen A, der vor keiner Mathematik zurückschreckt, aber von einem B in der Fähigkeit, gereimte Texte zu erzeugen, weit übertroffen wird, oder für einen unschlagbaren Denker in der Philosophie, der sich von seinem Architekten haushoch übers Ohr hauen läßt. Aber auch genug Beispiele für Talentierte, bei denen man vergeblich nach einer schwachen Stelle sucht.

Ich habe beobachtet, daß diese alte Binsenweisheit aller ehrlichen Pädagogen aufs heftigste von drei Kategorien von Personen bestritten wird. Die einen sind gefallsüchtig, etwa aus politischen Gründen, und möchten die Gunst derer nicht verspielen, bei denen es der Teufel wollte, daß sie bei jedweder Messung in der Schule und im Leben vergleichsweise schlecht abschnitten. Diese hören es natürlich lieber, wenn man den Teufel den Zufall nennt. Die anderen sind sehr gescheite Menschen, die uns gerne weismachen möchten, daß ihre Intelligenz ihr eigenes Verdienst ist und daß jeder von uns, wenn er nur rechtschaffen und fleißig genug wäre, ebenso weit kommen könnte wie sie. Die dritten sind solche, die in enger familiärer oder anderer Beziehung zu Minderbegabten stehen. Sie haben erfahren, daß intellektuelle Brillanz nicht der einzige Grund ist, einen Menschen zu mögen. Schönheit, Zuneigung, gemeinsame Erinnerungen, gemeinsame Pläne, gemeinsamer Besitz sind andere Gründe. Aus dieser Erfahrung heraus können Unterschiede in der Intelligenz vergleichsweise irrelevant erscheinen.

Dagegen sind Menschen, die nicht alles leicht verstehen, sich ihrer Schwierigkeit oft ganz bewußt. Es käme ihnen nicht in den Sinn, Unterschiede in der Intelligenz zu leugnen.

Zweite Feststellung: Einer, der gelernt hat, mit seiner beschränkten Intelligenz geschickt zu operieren, kommt oft weiter als ein anderer, der sich auf seine brillanten Fähigkeiten verläßt.

Dies ist eine harte Nuß und eine, die manchem Intelligenzfanatiker die Quellen der Freude vergiftet. Es sieht fast so aus, als gäbe es jetzt auf einmal zwei Sorten von Intelligenz neben- oder übereinander, eine das Instrument der anderen, die andere die Verwalterin der einen. Und wenn es dann vielleicht noch eine dritte gäbe, die das Spiel von außen betrachtete und gelegentlich in die Verwaltung des Instruments korrigierend eingriffe? Heilloser Schrekken: ist denn Klugheit eine Sache des Geistes? Kann man denn diesen überheblichen Generaldirektor nimmer loswerden, der, wenn man seine Funktion zur Maschine gemacht hat, gleich wieder da ist und mit der Maschine noch smarter umgeht als vorher mit seinem Können?

Nennt ihn, wie Ihr wollt, er ist der Geist der Bemühung, der Phantasie, des Einfalls, um soviel gescheiter als die Intelligenz, die er (ihn) bedient, wie das Programm gescheiter ist als der Computer, der Tanz gescheiter als die Beine. Übrigens würde ich ihn nennen: das Zusammenwirken von phylogenetischen und ontogenetischen intelligenzerzeugenden Mechanismen. Was den bescheidenen Denker mit seinen vernünftigen Instinkten und seinem Willen so erfolgreich macht, sind eben die vernünftigen Instinkte: Verhaltensanweisungen nur anscheinend irrationaler Art, die in der makroskopischen Logik des evolutionären Prozesses verständlich wären, hätte man diese Logik durchschaut.

Dritte Feststellung (angelesen): Die Kinder von sehr gescheiten Leuten sind oft gescheiter, die Kinder von sehr dummen Leuten oft dümmer als die Kinder von Durchschnittsmenschen. Es ist fraglich, aber wahrscheinlich, daß man dasselbe behaupten kann von den Enkeln sehr gescheiter und sehr dummer Leute. Aber auf die Urenkel wirkt sich das kaum mehr aus. Es hat also nicht viel Sinn, sich über den Stammbaum jenseits der Großväter und Großmütter Gedanken zu machen. Ein hervorragender Urgroßvater schadet zwar nicht, aber einer, der ein erfolgloser Pferdedieb war, auch nicht.

Es sieht also fast so aus, als wäre Intelligenz, ähnlich wie Grundbesitz, erblich. Vorsicht. Ist Schönheit erblich? Wenn einer von der Mutter eine unheimlich lange Nase erbt, vom Vater ein winziges Näschen, so mag die Mischung in seinem Gesicht von Ebenmaß ausgezeichnet sein: Schönheit, eine spontan aufgetretene genetische Mutation (die Genetiker bitte ich um Nachsicht). Aber seine Kinder können, wenn sie Pech haben, wieder im Besitz von Großmutters unheimlicher Rübe oder von Großvaters Erkerchen sein. Wenn Intelligenz mit Ebenmaß etwas zu tun hat, z.B. mit einem Gleichgewicht zwischen den Gewohnheiten der Abwägung, des Gedankensprungs und des Fleißes, was ich mir wohl denken (und keiner bisher beweisen) kann, so mag etwas Ähnliches passieren.

Übrigens: es mag wohl sein, daß die Gescheiten öfters gescheite, die Schönen öfters schöne Kinder kriegen. Aber eben doch nur öfters, nicht immer. Die einen wie die anderen müssen Unerfreuliches in Kauf nehmen. Immerhin sind Frauen/Männer, die heiraten wollen und sich auf Kinder freuen, wahrscheinlich gut beraten, wenn sie sich schöne und kluge Männer/Frauen suchen, was sie ja normalerweise auch tun. Schlecht beraten allerdings, in Anbetracht des Ebenmaßes, wenn sie, Opfer einer frühen Prägung, sich in die

Karikaturen der markantesten Abnormitäten ihrer Eltern verlieben. Was sie gelegentlich auch tun.

3.

Die Diskussionen über die Frage, ein wie großer Teil der Intelligenz von den Genen bestimmt sei und welcher Teil von der Erziehung, haben mich oft sehr gelangweilt, weil die Wortgewaltigsten auf der einen und der anderen Seite die extremen Standpunkte für selbstverständlich hielten, alles ererbt oder alles erlernt. Beide Thesen erscheinen sofort als Unsinn, wenn man sich überlegt, was vererbt wird, nämlich die Fähigkeit zu lernen. Das scheint die von der Evolution beim Übergang vom Affen zum Menschen auf die Spitze getriebene Leistung zu sein, das genetische Geschenk, das uns zu Kulturwesen macht. Wer das nicht einsieht, darf gerne über Angeborenes und Ererbtes in der Intelligenz weiterdiskutieren, aber ohne mich.

Ich finde es interessanter und praktisch wichtiger, mit der Tatsache fertig zu werden, daß Menschen, aus welchen Gründen auch immer, verschieden gescheit sind. Wir kommen zu einem fundamentalen Lehrsatz.

1. Theorem: 50 Prozent aller Menschen sind dümmer als der Durchschnitt. 50 Prozent sind überdurchschnittlich intelligent. Der Beweis hängt ein bißchen davon ab, wie man den Durchschnitt definiert, und sei im übrigen dem Scharfsinn des Lesers überlassen. Die Gültigkeit des Satzes hängt natürlich entscheidend davon ab, daß man über ein einfaches Maß der Intelligenz verfüge, mit dem sich jedermann in eine bestimmte Reihenfolge einordnen läßt. Das ist, wie gesagt, im Detail fragwürdig, aber im groben richtig.

Das Theorem besteht aus zwei Teilen. Der erste Teil liest sich gut, wenn man seine eigene Intelligenz pessimistisch einschätzt. Man hört heraus, daß die Hälfte der Menschheit, also schon beinahe ihre Mehrheit, in derselben Lage ist, und fühlt sich so in der Norm eingebettet. Der zweite Teil des Theorems ist unmittelbar erfreulich, wenn man, ganz gleich, wie man sich selbst einschätzt, die Intelligenz als ein für das Wohl der Menschheit einsetzbares, vielleicht sogar auf jeden Fall von selbst dazu führendes Potential ansieht.

Ein verwandter Lehrsatz, auf den wir jetzt hinarbeiten, bezieht sich auf die Frage der unterschiedlichen Intelligenz ganzer Völker.

Diese Frage hat viele Menschen sehr bewegt, besonders um die vergangene Jahrhundertwende, als man dazu überging, die Bestandsaufnahme der Völker dieser Welt nach ihrer vollendeten geographischen und linguistischen Erforschung auf psychologischer Ebene abzurunden. Neben dem quantitativen Vergleich unzähliger Gehirne auf der Waage und der Vermessung aller möglichen Winkel und Verhältnisse am Schädel schuf man damals das Instrument des Intelligenztests, der komprimierten Version einer Volksschulabschlußprüfung nebst verschiedenen Geschicklichkeitsübungen, von denen man annahm, daß ihnen der Wilde genauso wie das Stadtkind gewachsen sein sollte. Die Vermessung der Kapazitäten von Heerscharen von Schülern, Eingeborenen der verschiedensten Völker und Kulturkreise, Angehörigen verschiedener Religionen, Geschlechter, Alters- und Gesellschaftsklassen war eine Aufgabe, die noch immer nicht abgeschlossen ist. Den unschuldigen Psychologen, die sich solchen Mühen unterziehen, und noch mehr den Statistikern, die ihre Ergebnisse auswerten, hat man den Vorwurf vorsätzlicher oder ideologischer Verblendung gemacht, so sehr und so oft, daß man fast geneigt wäre, den Ergebnissen prinzipiell zu mißtrauen und die ganze Untersuchung, wenn man nur wüßte wie, aufs neue mit geschärftem Blick zu unternehmen. Ich will aber einen freundlicheren Standpunkt beziehen, da ich weiß, daß solcher Verdacht einerseits der Wissenschaft gegenüber in jedem Fall gerechtfertigt ist, anderseits aber die Gefahr birgt, einem die erfreulichsten Ergebnisse vorzuenthalten. Ich beziehe also wohlwollend aus der vergleichenden Vermessung der Intelligenz die folgenden Fakten:

Vierte Feststellung: Die Unterschiede innerhalb jeder ethnischen Gruppe sind um ein Vielfaches größer als die Unterschiede zwischen den Gruppen. Ein kluger Neger unterscheidet sich, was die Intelligenz betrifft, von einem dummen Neger viel stärker als von einem klugen Chinesen oder Engländer. Dasselbe gilt, wie man weiß, beim Vergleich der beiden Geschlechter oder verschiedener Konfessionen. Nebenbei bemerkt ist das der Hauptgrund, warum es so schwierig ist, geringe Abweichungen der Durchschnittsintelligenz irgendwelcher Bevölkerungsgruppen, falls es sie überhaupt gibt, statistisch nachzuweisen. Immerhin kommt man, bei kritischer Betrachtung der Ergebnisse, zu folgender *fünfter Feststellung:* Bei aller Bemühung der Intelligenzethnologen, wobei die ideologisch bornierten von besonderer Aussagekraft sind, zeigt sich in verschiedenen Bevölkerungsgruppen eine überraschend ähnliche Intelligenz. Das führt zur

sechsten Feststellung: Die üblichen Testverfahren sind besser als ihr Ruf und messen offenbar ein Bündel von Fähigkeiten, die für den menschlichen Geist in seiner allgemeinsten Form charakteristisch sind. Diese Fähigkeiten sind überall ungefähr im gleichen Maß vorhanden, unabhängig davon, ob die Vorfahren der Getesteten ein paar Jahrtausende lang ihren Darwinschen Selektionsdruck im Urwald oder in europäischen Städten erfuhren.

Das ist ein schier unglaubliches Ergebnis. Man stelle sich genau vor, welche Fähigkeiten gefordert waren, wenn eine ununterbrochene Kette von Vätern und Söhnen in der Großstadt Köln von der Römer- bis zur Jetztzeit über all die Epochen des Krieges, des Wohlstands und der Not hinweg überleben sollte, vielleicht als Kupferschmiede oder Dachdecker oder Handelsleute und neuerdings als Elektrotechniker und Programmierer, und welchen Erprobungen andererseits die Väter und Söhne zur selben Zeit in Afrika ausgesetzt waren: Tsetse-Fliegen totschlagen, ehe sie beißen, laufende Tiere mit Speeren treffen, Elefanten überlisten, Raubkatzen nachts hören. Und doch, wenn die letzten Sprößlinge der einen und der anderen Kette von Generationen in Amerika nebeneinander auf derselben Schulbank sitzen, gelingt es den Psychologen mit aller Mühe und Raffinesse, bestenfalls ein paar Prozent Unterschied im Intelligenzquotienten zugunsten der einen oder der anderen herauszuschinden.

Des Rätsels Lösung liegt vielleicht darin, daß die Künste des Bürgers und des Eingeborenen bis vor nicht sehr langer Zeit eben doch sehr ähnlich waren und erst jetzt, mit der gewaltig gestiegenen Bedeutung des Schreibtischs als Produktionsmittel, wesentlich zu divergieren beginnen; eine zu kurze Zeit, um die genetischen Auswirkungen deutlich spürbar zu machen. Mir ist aber eine andere Erklärung lieber. Was die Intelligenztests der Psychologen messen, basiert auf Aufgaben, zu deren Bewältigung das Instrument der (inneren) Sprache eingesetzt wird. Dieses Instrument ist zwar, wie man von den Ethnolinguisten erfährt, von Volk zu Volk ein bißchen verschieden gestaltet (agglutinierende Sprachen, flektierende und wie sie alle heißen), jedoch in wesentlichen Zügen übereinstimmend (»Sprachuniversalien«) und vor allem, wie uns die allgemeine Linguistik versichert, von einem konstanten Komplexitätsgrad (die eine hat eine flexiblere Syntax, die andere verfügt dafür über mannigfaltigere lexikalische Unterscheidungen).

Trotz aller Schwierigkeiten der Objektivierung wollen wir die mageren Behauptungen, die man liest, wiederum wohlwollend betrachten und ruhig annehmen, daß der Durchschnitts-IQ der Schwarzen in Amerika, warum auch immer, um ein paar Prozent unter dem Durchschnitt der US-Amerikaner liegt und der der Italoamerikaner, sagen wir, um ein paar Prozent darüber. Dies als Axiom hingenommen und einige Präzisierungen der Statistik übersprungen, gelangen wir zu dem mathematisch nicht auf die Goldwaage zu legenden, aber im Grunde richtigen und sicher wichtigen

2. Theorem: 30 Prozent der amerikanischen Neger sind klüger als der Durchschnitt der Amerikaner. (Dieser Gedanke ist zwar trivial, aber leider nicht von mir. Der Urheber ist mir unbekannt: Prof. Mohr in Freiburg? Luca Cavalli-Sforza?)

Das Theorem ist für Neger angenehm zu lesen und für Andersrassige lehrreich. Ebenfalls segensreich ist die Variante des 2. Theorems:

45 Prozent der Italoamerikaner sind dümmer als der Durchschnitt der US-Bürger (oder sind es 30 Prozent, oder 49 Prozent: egal für die Argumentation, und fast egal für die Italoamerikaner).

Die gewonnene Erkenntnis gibt den Leuten Zutrauen zu ihrer eigenen Fähigkeit, gelegentlich auch einmal einen Sizilianer hereinzulegen, und wirkt daher versöhnlich.

4.

Wie man sieht, kann die Statistik, richtig verstanden, gesellschaftsrelevante Auswirkungen haben, selbst wenn es die Statistik der Verteilung der Intelligenzquotienten in der Bevölkerung ist.

Aber man wird dabei nicht ganz glücklich. Die Vermessung der Intelligenz verschiedener Menschen, mit hausbackenen oder statistisch geschliffenen Methoden, irritiert naturgemäß breite Bevölkerungsschichten. Sie bringt halbwegs erfreuliche Ergebnisse erst dann, wenn man die Fakten auf possierliche Weise verdreht, wie wir das hier versucht haben. Man wird das Gefühl nicht los, daß die

Emotionen, die das ganze Unternehmen tragen, unausgesprochen bleiben. Man weiß, daß auch die objektivsten Methoden die in der Fragestellung verborgenen Wünsche nicht ganz außer Kraft setzen, und möchte die Ergebnisse entsprechend korrigieren. Ist ja nicht schlimm, man tut das überall, wo Propaganda im Spiel ist, sei es auch die subtile Form der Propaganda im wissenschaftlichen Gewand. Das Peinliche ist nur in diesem Fall, daß gar nicht klar ist, in welcher Richtung das Vorurteil wirkt, und der Zweifel wird nicht geringer, wenn ein Vorurteil von vornherein deklariert und in die Methode eingebaut wird. Lieber hätte man es, wenn ein jeder, der über Intelligenz spricht, offen und ohne Rücksicht auf den Durchschnitts-IQ der amerikanischen Neger oder Nobelpreisträger erklärte, was er damit anzufangen gedenkt. Ich will ein solches Angebot machen.

Ich bekenne, daß ich (bei aller Unsicherheit der Einschätzung) die Leute, mit denen ich zu tun habe, in drei Kategorien einteile: solche, die ich für gescheiter halte, als ich es bin, die anderen, denen gegenüber ich mir gescheiter vorkomme, und die übrigen, bei denen die Frage nach dem Intelligenzvergleich gar nicht aufkommt. Moshe Abeles, Jochen von Below, Francis Crick, ich könnte einen für jeden Buchstaben des Alphabets aufzählen, haben mich als Wissenschaftler gelegentlich mit Leistungen verblüfft, denen ich mich nicht gewachsen fühle. Aber auch andere, mein Schulkollege Paul Mayr oder der Josef Rottensteiner, Ortnerbauer in Oberbozen, haben mir dieses Gefühl gegeben. Es ist, als ob diese Leute in irgendeiner uralten Vergangenheit an Gesprächen teilgenommen hätten, von denen ich keine Ahnung habe. Oder als ob ihr Gehirn ohne ihr Zutun von selbst jene Kunststücke zustande brächte, zu denen ich das meine mühsam anspornen und zügeln muß. Mein Neid ist mit Freude gemischt, ohne Mißgunst. Der junge Mozart hat seinen etablierten Kollegen angeblich so imponiert, Christus im Tempel den Schriftgelehrten, Newton den Fachgenossen.

Bei den anderen, den weniger intelligenten, nenne ich keine Namen, obwohl bekannte Leute darunter sind, Politiker und Professoren, Erfolgsschriftsteller und erfolgreiche Manager, natürlich auch viele Studenten (ich bin allerdings bei jungen Leuten in meiner Einschätzung oft unsicher). Mein Urteil gründet sich weniger auf das, was diese Leute sagen, als auf meinen Unwillen, ihnen zuzuhören, eine Kombination von Zerstreutheit und Irritation, die sich in mir einstellt, wenn sie reden, als wüßte ich von vornherein, daß man mir da etwas erzählen wird, das ich in meinem eigenen Denken schon abgelehnt hatte, bevor es eigentlich an die Oberfläche kam.

Mir ist das wichtig, weil ich glaube, daß ich auf die Dauer nur mit Menschen gut umgehen kann, bei denen sich weder das eine noch das andere Gefühl einstellt. Natürlich habe ich mich auch schon gelegentlich getäuscht, habe jemanden in den Kreis meiner Freunde und Mitarbeiter aufgenommen, den ich vorher in der Ober- oder Unterschicht angesiedelt hatte, habe andere dorthin abgeschoben. Ich mag keine Freundschaft, bei der irgendwann, sei es in der einen Richtung oder in der anderen, der leidige Imperativ »Sei gescheiter als du bist« fällig wird.

Meine Dreiteilung der Menschheit macht mich immun gegen andere Klassen- oder Kastensysteme. Meine Klassengrenzen laufen quer, bestenfalls ein bißchen schräg, zu denen, von denen so viel die Rede ist.

Nicht nur ich verkehre fast ausschließlich in einem isolierten Horizontalverband in dem nach Intelligenz sedimentierten Kuchen der Menschheit. Allen anderen geht es genauso. Ob sie es wahrhaben wollen oder nicht, sie rotten sich nach dem gemeinsamen IQ zusammen. Es gibt für jeden Menschen eine Iso-IQ-Schicht, in der er sich wohlfühlt, nach oben und unten abgegrenzt durch Verständigungsbarrieren. Wie viele solcher Schichten es gibt, hängt davon ab, bei wieviel Prozent Unterschied im Intelligenzquotienten die Verständigung abbricht. Ich würde schätzen, mindestens drei Schichten, zuzüglich der oberen und unteren Extreme. Ich kenne, außer dem meinen, noch mindestens zwei verschieden gescheite Kommunikationsklubs.

Innerhalb jedes Iso-IQ-Klubs breiten sich Ideen, Meinungen, Moden, ja ganze Wissenschaften sehr geschwind aus und bleiben oft darauf beschränkt. Das ist einer der Gründe, warum viele mein Schema nicht mögen. Sie sind überzeugt, daß es die gemeinsamen Meinungen und Interessen sind, die sie mit ihren Freunden verbinden. Das stimmt freilich auch.

Wenn sich eine Meinung in einer Schicht ausbreitet und die entgegengesetzte in einer anderen, durch eine Kommunikationsbarriere getrennt, dann hat man es manchmal schwer. Sehr gute

Ideen lassen sich aber immer mit einiger Mühe auch in der Sprache der benachbarten Niveaus ausdrücken. Ob sie sich dort mit demselben Schwung verbreiten wie in der Schicht, in der sie entstanden sind, und ob sie über die Gegenideen siegen, bleibt offen.

Ich mache mir Sorgen um die oberste Intelligenzschicht, die keine mehr über sich hat. Bei diesen Leuten fehlt die Anweisung zur Bescheidenheit, die aus dem Eingebettetsein zwischen Gescheiteren und weniger Gescheiten kommt. Das mag der Grund sein, warum die Allergescheitesten manchmal erstaunlichen Unsinn produzieren. Vielleicht schließt sich da ein Kreis und macht die Messung der Intelligenz selbst in der rohen, pragmatischen Form zunichte, die ich vorschlage. Gescheit und dumm darf man aber trotzdem noch sagen, wenigstens im Hausgebrauch.

DAS NICHTVERSTANDEN-WERDENWOLLEN UND DIE SPRACHE

Wenn man so will, tun wir alle dasselbe: wir fügen der Menge des Gesprochenen neue Sätze hinzu. Jedes Wort, das gesagt wird, verändert den Korpus der Sprache ein für allemal, vergrößert ihn, zwingt die kommenden Sprecher zu erhöhter Aufmerksamkeit. Wortneubildungen bieten neue Wortwahl an, gebrochene Regeln sind abgelöste Sandkörner aus den verschiebbaren Dämmen der Grammatik.

Natürlich hat das Gesprochene auch außersprachliche Wirkungen. Politiker verspielen die Gunst von Millionen durch ein ungeschicktes Wort. Professorenfamilien werden vom Staat durchgefüttert als Lohn für einige originelle Formulierungen des Papas. Verbalinjurien werden mit der Auslöschung eines Lebens beantwortet. Süße Worte erweichen die Hüften und leiten die Erzeugung neuen Lebens ein. Schlacken des Gesprochenen führen zur Trennung von Tisch und Bett. Ein ungeheures Sediment von Geschriebenem hält, sich täglich vergrößernd, einiges von dem Gesprochenen fest. Aber das Gesprochene, alles Gesagte wirkt auch ungeschrieben eine Ewigkeit nach.

Wenn die Geschichte der Menschheit interessanter ist und immer interessanter wird als das Sich-gegenseitig-die-Köpfe-Einschlagen der frühen Anfänge, so deshalb, weil sie immer mehr zur Geschichte des Überlebens von sprachlichen Strukturen wird, statt von Menschen und Rassen. Daß das nicht dasselbe ist, bemerken auch die indogermanischen Chauvinisten, wenn sie sich wundern, wie sonderbar verschieden doch die indogermanisch sprechenden Menschen (= die Arier) heutzutage aussehen: Zigeuner, Skandinavier, amerikanische Neger, Juden, Indianer etc.

Ursprung der Sprache

Sprechen ist menschlich. Irgendwo beim Übergang vom Affen zum Menschen – ich würde sagen: diesen Übergang markierend – fängt das Hirn zu wachsen an und wächst unverdrossen weiter bis in die Jetztzeit. Ein Ende des Wachstums ist aus der Form der

Wachstumskurve nicht abzusehen. Ich zweifle nicht, daß der Knick in der Gehirnentwicklung mit dem Beginn der Sprache zusammenhängt. Von da an verkompliziert der Mensch selbst seine Umgebung, indem er über sie spricht. Wie der Korpus des Gesprochenen wächst, muß der Kopf mitwachsen. Der Mensch wird zunehmend ganz Kopf. »Pall dr Kopf å isch, håt dr Ohrsch Fairåbmp« (pall = wenn, å = ab, Fairåbmp = Feierabend; aufgeklaubt von Mary Pound im Vinschgau, dem Tal der denkenden Tiroler).

Was ist das, Sprache? Wir müssen uns das Phänomen am Ursprung vorstellen. Eine Horde von (schon etwas besseren) Affen trifft in Afrika auf eine andere, entfernt verwandte, aber verfeindete. Die Rauferei geht los, es geht um Jagdgründe. Alle fauchen, grunzen und piepsen ganz fürchterlich in den Tönen des ihnen angeborenen Repertoires emotionaler Lautgebung. Aber die von der einen Horde mischen unter die Elemente dieses martialischen Gesangs einige kleine, unauffällige Silben, die bedeuten: jetzt sollen der Sepp, der Franz und der Hias hinter dem großen Stein ungesehen seitlich an den Feind heran, während der Toni und das Joggele auf die schiefe Palme steigen und durch eine Kokosnußbombardierung die ganze Aufmerksamkeit auf sich ziehen. Die Affen von der anderen Horde verstehen gar nichts, gehen prompt in die Falle und ziehen blutend, hinkend und gedemütigt ab. Es wird gefeiert. Das müßige Spiel mit den Silben, denen man aus reiner Tollerei Bedeutungen zugemessen hat, die man aus ihrem Klang nicht erraten kann, hat sich gelohnt und soll weiter verfeinert werden. Das Gehirn setzt zum großen Wachstum an. Die Nachkommen der geschlagenen Vettern sind für die nächsten Jahrmillionen zu äffischem Dasein verdammt, oder sie sterben aus. Die das Spiel mit den Silben verstehen, werden langsam zu dem, was sie selbst humorvoll als die Herren der Schöpfung bezeichnen.

Während gefeiert wird, machen wir unsere Überlegungen. Es sieht fast so aus, als wäre von Anfang an bei der Entwicklung der Sprache das Nichtverstandenwerden gleich wichtig gewesen wie das Verstandenwerden: von Anfang an Sprache als Barriere zwischen den unsrigen und den anderen. Weltsprache war nicht das angestrebte Ziel, sondern eine Geheimsprache zur Verständigung innerhalb der Gruppen zum Schaden der anderen. Wo sich ein Volk in mehrere Völker teilt, die getrennt ihre Wege gehen, bilden sich in kürzester Zeit (= einige Jahrtausende) ganz verschiedene Sprachen heraus, innerhalb von Jahrhunderten schon gegenseitig unverständlich. Warum haben wir es aufgegeben, jenes Indogermanisch zu sprechen, das uns jetzt als Weltsprache von Kalifornien bis zum Ganges prächtig zustatten käme? Die amerikanischen Indianer haben es mit der Vielfalt ihrer Sprachen noch weiter getrieben, die Negerstämme in Afrika auch. Es ist gar nicht leicht, jenseits der Ähnlichkeit der Wörter für kleine Zahlen eine Gemeinsamkeit zwischen Ungarisch und Finnisch nachzuweisen, zwei doch angeblich nah verwandten Sprachen. Ungarn und Finnen einerseits, Perser, Slawen, Kelten, Griechen, Lateiner und Germanen andererseits haben sich eifrig bemüht, durch fortlaufende Veränderung ihrer Sprachnorm spezifische Idiome auszubilden, die nur der beherrschen lernt, der sich auch sonst in Kindheit und Jugend von ihren Normen prägen ließ. Das war sicher kein Verschlampen von eigentlich einheitlich sein sollenden Sprachen, sondern ein Prozeß, der der Sprachentwicklung seit frühester Zeit innewohnt: Herausbildung von Insider-Sprachen. Im kleinen kann man das in jeder Gymnasialklasse beobachten, oder über ein paar Generationen hinweg bei der raschen Veränderung der europäischen Sprachen durch die aus den Höfen oder aus den Universitäten (z.B. Oxford) ausstrahlenden Snobismen der Aussprache und des Vokabulars.

Die Alternative einer Affenweltsprache

Diese Nebenfunktion als nationale Markierung setzt voraus, daß die Sprache zu einem erheblichen Teil erlernt ist. Die Alternative, Ausbildung einer für die ganze Art verbindlichen Sprache aufgrund eines angeborenen Alphabets von Bedeutungsträgern, ist von der Evolution offenbar fallengelassen worden, wäre aber durchaus vorstellbar im Rahmen dessen, was Verhaltensmechanismen leisten können. Man stelle sich vor, das Repertoire von Schreien, Grunz-, Schmatz-, Schnalz-, Zisch-, Pfeif- und Fauchlauten, dessen Affen fähig sind, wäre noch weiter ausgebaut worden, vielleicht bis zur Komplexität des Gesangs, den man bei Walen kennt, oder noch etwas weiter, und die einzelnen Laute hätten sich langsam entkoppelt von den Emotionen, mit denen sie einhergehen, und hätten statt dessen eine feste Beziehung zu ebenso vielen Begriffen im Geistesleben der Tiere gewonnen. Einen Laut für oben, einen für unten, einen für vorne und einen für hinten, einen für hin und einen für her, für innen und außen, für mehr und weniger, für gut und böse, für hart und weich, feucht und trocken, kalt und warm, für Verwandlung, für Bestand, für Vater und Mutter, Kind und Freund und noch ein paar für andere Tierarten und vielleicht ein paar geographische Termini wie Berg und Bach und Wald und Au sowie ein oder zwei Laute, die die Rolle von Hilfszeitwörtern spielen, und endlich ein Laut, der sicher schon vorhanden ist, für Negation. Man bedenke, welche Menge angeborener (oder wenigstens: allgemein menschlicher) Bedeutungsträger bereits in unserer Mimik enthalten ist: Freude, Kummer, Angst, Staunen, Fragen, Drohen, Flirten, Zuwendung und Ablehnung, und wieviel noch in der Gestik der Arme und Hände dazukommt. Das eben skizzierte Repertoire von Lautäußerungen mit genetisch fixierten Bedeutungen erscheint demgegenüber nicht als unrealistisch. Man könnte damit alles ausdrücken, was so einen Affen oder fast schon Menschen interessiert, und es würde, geschickte Verkettungsregeln vorausgesetzt, für die gesamte Kultur reichen. Wir wissen ja, welch kümmerlicher Bausatz von Zeichen und Begriffen Leuten wie Frege, Peano und Russell ausreichend schien, um die gesamte Mathematik und damit, wie man zwischen den Zeilen liest, die ganze Weltbeschreibung aufzubauen.

Nationale Duftmarken

Aber es ist nicht so gekommen. Die Affenweltsprache, das angeborene Repertoire lautlicher Bedeutungsträger, ist klein geblieben, beim Menschen möglicherweise sogar kleiner geworden, als es schon einmal beim Affen war: ein paar Kicherlaute, Schmerz- und Schreckschreie und einige Wendungen in der Sprachmelodie (die fragende, die ärgerliche, die bittende, die beschwichtigende, die aufmunternde). Dafür kriegt jedes Kind einen Mechanismus mit, der ihm gestattet, am Ende des ersten Lebensjahres die Laute seiner Sprache zu erlernen und später die Wörter, um daraus Sätze zu bilden und in der rechten Bedeutung zu verwenden. Bezeichnenderweise findet dabei auch eine negative Prägung statt: Laute, die jedem lallenden Kleinkind zunächst spielend zur Verfügung stehen, werden bei einigen gelöscht und können nur mit größter Schwierigkeit wieder aktiviert werden: Italiener und Franzosen können, nachdem sie die

Phonetik der eigenen Sprache erlernt haben, das deutsche und englische h nicht mehr aussprechen, die Deutschen und die Franzosen haben ewige Schwierigkeiten mit dem italienischen Zungen-r, Italiener, Franzosen und Deutsche mit dem englischen th etc. Die nationalsprachliche Markierung wirkt unerbittlich schon auf dem Niveau der einzelnen Laute.

Und jetzt wissen wir auch, was wir davon zu halten haben, wenn wieder einmal gestritten wird: das Eigentliche an der Sprache, sagen die einen, ist das, was sich ohne Schwierigkeit und ohne Zweideutigkeit von einer Sprache in die andere übersetzen läßt, und die anderen: das Eigentliche ist genau das, was bei der Übersetzung verlorengeht. Das sind wieder die zwei ureigenen Aspekte der Sprache, Kommunikation und Abgrenzung. Die Übersetzung durchbricht die von den Völkern zwischen sich aufgebauten Barrieren. Der, dem die Fremdheit der fremden Sprache zuvorderst am Herzen liegt, betont die Unzulänglichkeit jeder Übersetzung, weist auf die Nuancen hin, die bei den Worten seiner eigenen Sprache assoziativ mitschwingen und nur für die hörbar sind, die in derselben Welt aufgewachsen sind.

Das hat merkwürdige Auswirkungen. In Kiew sah ich an einem Gebäude ein großes schwarzmarmornes Schild, darauf in goldenen kyrillischen Lettern untereinander die beiden Wörter: ›Počtamt‹ und ›Poštamt‹, russisch-ukrainische Doppelsprachigkeit. Eine Regel der russischen Phonetik legt nahe, ›Počtamt‹ wie ›Poštamt‹ auszusprechen. Es ist nicht zu erwarten, daß ein Russe in Kiew vor dem einen Wort oder ein Ukrainer vor dem anderen ratlos dastünde, wäre nur eins zu lesen. Aber einen der beiden Volksteile jener Stadt würde es unangenehm berühren. Die assoziativen Nuancen hängen an der Schreibweise einzelner Buchstaben. Daß der Terminus ursprünglich weder ein russischer noch ein ukrainischer war, fällt dem Besucher aus Deutschland auf, ist in Kiew aber wahrscheinlich schon vergessen. Man braucht nicht so weit zu fahren. Das Südtiroler Telefonbuch bringt unter Bolzano die ganze Liste: Abart Frieda, corso Italia 17, Abate Antonio, via Gaismair 5 und so weiter, und dann im selben Band unter Bozen: Abart Frieda, Italienstr. 17, Abate Antonio, Gaismairstr. 5; bei Meran dasselbe, nur Meran vor Merano wegen der alphabetischen Reihenfolge. Sprachliche Fairness radikal durchgehalten, aber für diejenigen beleidigend, die sich zutrauen, jederzeit ›via Gaismair‹ als ›Gaismairstraße‹ zu erkennen.

Übersetzbarkeit

Zu denen, die an den Sprachen die Möglichkeit des Übersetzens schätzen, gehöre ich. Allzu interne Sprachwitze interessieren mich nicht. Alles was dringlich, unumgänglich, elementar ist, kann mir jedes Kind aus einer anderen Sprache klar verständlich übersetzen. Natürlich bin ich nicht unempfindlich für die Stimmung, die den Unterschied zwischen der russischen und anderen slawischen Sprachen ausmacht, und ich weiß auch, wie einem Italiener in Bozen zumute ist, wenn man ihn nach der Italienstraße statt nach dem corso Italia fragt. Aber ich kann mit gleichgesinnten Menschen, nämlich solchen, denen es mehr um das, was gesagt wird, als um die Weise, wie es gesagt wird, geht, über beträchtliche sprachliche Hürden hinweg ganz ergiebige Zwiegespräche führen. So viel von einer Sprache, als ausreicht, um über die Dinge zu reden, die mich am meisten beschäftigen, habe ich bald gelernt. Ist es, weil ich mich nur für sehr einfache, primitive Dinge interessiere?

Das mag wohl sein, obwohl das, was für mich einfach und primitiv ist, einem anderen vielleicht kompliziert und künstlich erscheint. Ich will die Art von Aussagen, an denen mir liegt, so definieren: das, was sich ohne Zweideutigkeit übersetzen läßt. Bei geschriebenen Texten läßt sich das prüfen. Man nehme einen Text und lasse ihn von einem guten Übersetzer in eine andere Sprache übersetzen, dann von einem anderen in eine dritte und vielleicht noch in weitere Sprachen und dann wieder zurück in die Ausgangssprache. Wenn der Autor das Schriftstück dem Sinn nach noch als das seine erkennt, sind seine Aussagen von der Sorte, die ich meine.

Hierzu einige Bemerkungen. Man könnte meinen, ich hätte bloß auf schulmeisterliche Weise den alten Unterschied zwischen Wissenschaft und Literatur wiederaufgewärmt. Das stimmt hinten und vorne nicht. Erstens findet man in wissenschaftlichen Journalen, nicht bloß in den soziologischen oder kunsthistorischen, nein, auch gelegentlich in denen der Physik, Beispiele einer Prosa, die den Test der Übersetzbarkeit nicht einmal beim ersten Schritt bestehen könnten. Zweitens gibt es im Rahmen der Belletristik eine Menge von Texten, die sich so wohlgeformter Begriffe und klarer Konstruktionen bedienen, daß der Übersetzer nicht anders kann, als seine Sprache mit ähnlicher Sorgfalt zu verwenden, um ebenso klare Formulierungen dem nächsten Übersetzer weiterzugeben.

Zweite, einschränkende Bemerkung: Ich habe keine Erfahrung mit Sprachen außerhalb der indoeuropäischen Verwandtschaft. Insbesondere bei solchen, die nicht über das akademische Latein und Griechisch jahrhundertelang die europäische Begriffswelt aufgeprägt bekamen (also nicht beim Ungarischen, Finnischen, Hebräischen), könnte ich mir vorstellen, daß eine ganz andere elementare Kategorisierung der Begriffswelt stattfindet, durch die die Übersetzung aus solchen und in solche Sprachen fast unmöglich wird. Ich mißtraue den Übersetzungen aus dem Altchinesischen, lese sie zwar gerne, aber mit dem Gefühl, den Übersetzer dabei besser kennenzulernen als den Autor. Ich werde eine wirklich fremde Sprache selbst erlernen müssen, zum Beispiel eine südamerikanische Indianersprache oder einen Bantudialekt, um festzustellen, wie universell meine Vorstellung der Übersetzbarkeit alles dessen, was mich interessiert, ist. Möglicherweise ist mein ganzes Denken bloß Wiederkäuen von Gedanken, die die alten Römer und Griechen mir vorgekaut haben. Sind alle europäischen Sprachen in ihren gelehrten Varianten bloß Übersetzungen aus dem mittelalterlichen Universitätslatein? Das ist behauptet worden. Dann wäre es kein Wunder, daß sie untereinander gut übersetzbar sind.

Akademische Beiträge zur Sprache

Dieser Gedanke zieht mich unversehens in einen unbehaglichen Strudel. Soeben habe ich mir im Test der Übersetzbarkeit ein Instrument verschafft, das dem sogenannten vernünftigen Denken den Sonderstatus bescheinigt, den man ihm gern zubilligt, und zwar ohne daß ich selbst ihn unter Anwendung akademischer Überheblichkeit behaupten mußte. Ich habe ja so getan, als könnte es jeder selbst versuchen, Texte hin und her zu übersetzen, um die soliden Gedankengerüste zu unterscheiden von bloß hingezauberten, an Worten klebenden, sich mit ihnen beliebig verändernden literarischen Eitelkeiten. Jetzt kommt der Verdacht auf, daß diese Übersetzbarkeit doch nur darauf beruhe, daß unsere Sprachen allesamt im Lauf der Zeit viel von der akademischen Überheblichkeit, und zwar von ein und derselben, aufgenommen haben: daß ihre Verwandtschaft nur etwas bestätigt, was im Grunde ganz willkürlich ist. Wie kommt man da heraus?

Die Sache ist ernst, weil die Selbstherrlichkeit meiner Zunft auf dem Spiel steht. Ich bin nicht sicher, ob ich angesichts dieses delikaten Problems meiner störrischen Phantasie eine Theorie entlocken kann. Ich will's versuchen.

Ich habe es eingangs gesagt: im Grunde tun wir alle dasselbe, wir basteln an der Sprache. Wir Wissenschaftler produzieren Veröffentlichungen mit dem Gefühl, durch neue Aussagen alte Probleme zu lösen. Über die Berechtigung solcher Leistungen ist viel geredet worden, auch viel behauptet worden, was mir unsinnig oder zumindest einseitig erscheint. Zum Beispiel die volkstümliche Vorstellung von der Naturwissenschaft als bloßer Vermessung und Katalogisierung der Phänomene dieser Welt, Vorbereitung für ihre industrielle Ausbeutung. Daß diese Vorstellung den geistig regen Leuten die Lust an dem verdorben hat, was man englisch ›science‹ nennt, ist verständlich. Schuld daran sind wir, oder wenigstens diejenigen unter uns, die zusammen mit dem Geld, das ihnen von den Forschungsförderern überwiesen wird und das sie dringend brauchen, bereitwillig von denselben Instanzen ein Stück Moral übernommen haben, das naturgemäß aus anderen Bereichen, dem politischen und dem kommerziellen, stammt. So tut man gerne so, als wäre die ganze Wissenschaft bloß ein Zweig der Industrie. Das Phänomen ist freilich nicht neu. Als es noch die Fürsten und die hohen Militärs waren, die sich Gelehrte hielten, mußten diese die Nützlichkeit ihres Tuns durch relativ irdische Leistungen unter Beweis stellen: das Land vermessen, Springbrunnen, Festungen, Kirchenkuppeln bauen, astrologische Prognosen stellen, Blei in Gold verwandeln.

Aber von der Ferne betrachtet, und von den klügeren Fürsten und Politikern damals wie heute gelegentlich auch honoriert, stellt sich der Fortgang der Wissenschaft eher als der unentwegte Versuch dar, durch neue Formulierungen die Art und Weise, wie über die Welt geredet wird, knapper, präziser, interessanter, das heißt der Wirklichkeit angepaßter, zu machen. Die Lust, die dahintersteht, wenigstens bei den potentesten Wissenschaftlern, und das sind oft auch die, die die schönsten Springbrunnen und mächtigsten Festungen bauen, ist eine ganz private Angelegenheit. Die öffentliche Auswirkung ist aber eine gewaltige, zu vergleichen vielleicht mit der von Religionen, oft in Konkurrenz mit Religion, ganz früher vielleicht von ihr nicht unterscheidbar. Ich kann mir vorstellen, daß die Philosophen (inklusive die Naturphilosophen, d.h. die heutigen Naturwissenschaftler) eine gewaltige Wirkung auf die Menschheit ausüben, und zwar über diffuse Veränderungen des Sprachgebrauchs, denen sich keiner entziehen kann, auch wenn es ihm niemals in den Sinn kommt, die Texte der Philosophen zu lesen, und er vielleicht nicht einmal ihre Namen kennt.

Es fällt allzu leicht, Beispiele aus dem Psychologenjargon hinzuschreiben. Worte wie »Frust« stellen dem Benützer neue Gemütszustände zur Verfügung, bei denen der Großvater, wenn er sie ähnlich empfand, vielleicht nur eine diffuse unaussprechliche Unlust im Bewußtsein registrieren konnte. Möglich, aber nicht sicher, daß die poetischen Leistungen von Freud und seinen Kommentatoren zu den irreversiblen Veränderungen des deutschen (englischen etc.) Wortschatzes gehören und mithin weiteren Generationen das Bewußtsein einfärben werden. Die ältere Psychologie, die damals noch eine Sache der Philosophen war, hat auch viel beigetragen: man merkt es kaum mehr, daß »Emotionen«, »Gemütsbewegungen« zuerst nur in der Fachsprache definiert waren, ebenfalls »Aufmerksamkeit«, »Bewußtsein«, vermutlich auch »Besinnung« und viele andere. Bei vielen Wörtern, die aus antiken, mittelalterlichen oder neuzeitlichen Studierstuben in die Umgangssprache übergegangen sind, erkennt man den Ursprung daran, daß sie in verschiedenen Sprachen entweder als Varianten des lateinischen Fachworts (z.B. Emotion) auftauchen oder als ziemlich wörtliche Übersetzungen: »Gegenstand«, »predmet« sind offenbar Kunstprodukte, die das lateinische »Object« sinngemäß wiedergeben; ebenfalls »Begriff«, Übersetzung von »Concept«; »rappresentazione«, »predstavljenje«, Übersetzungen von »Vorstellung«. Besonders einflußreich waren natürlich seit jeher die Physik und die Technik: wo gäbe es »energische« Menschen, wenn die Energie nicht zuerst in der Physik definiert worden wäre, und auch von einem »politischen Kraftfeld« oder von einer »attraktiven Frau« hätte man nie reden können, wäre nicht einiges von der Newtonschen Begriffswelt über die Sprache ins Bewußtsein aller redenden Menschen übergegangen. Weitere Beispiele: »Resonanz«, »Polarität«, »Projektion«: Wie wäre unser Innenleben ohne diese Bilder aus der Physik?

So finde ich also doch eine Lösung für mein Problem. Es ist sehr wahrscheinlich, daß die Übersetzbarkeit einer bestimmten Art von Texten aus einer europäischen Sprache in jede andere auf der gemeinsamen akademischen Tradition dieser Sprachen beruht. Aber dieses Einfließen von Gelehrtensprache in die Umgangssprache ist nicht etwa ein Randphänomen, keine Störung der organischen Entwicklung der Sprache, sondern etwas, was zur Sprachentwicklung entscheidend dazugehört. Zwar fügen wir alle der Sprache neue Ausdrücke hinzu, doch die Ausdrücke, die von den Gelehrten kommen, haben eine größere Überlebenschance, sofern die Gelehrten ihr Geschäft ernst nehmen, nicht nur wegen des Prestiges, das ihnen anhaftet, sondern weil sie treffend und neuartig sind. Wenn ich mich also lieber mit solchen Aussagen beschäftige, die gut übersetzbar sind, so tue ich das auch, weil diese lange Bemühung in vielen aufeinanderfolgenden Beiträgen die jeweils dem Wissen am besten angepaßten Ausdrücke geschaffen hat. Viele, die aus uralter Zeit stammen, sind auch heute noch die bestmöglichen.

Seien wir froh, daß es die immerhin einer Wirklichkeit verpflichteten Philosophen gewesen sind, die das begriffliche Gerüst unserer Sprache geprägt haben. Anderswo waren es vielleicht die Magier: es würden dann ganz andere Texte den Test der Übersetzbarkeit überstehen, sofern Magier überhaupt Übersetzbares schaffen. Möglicherweise wurzelt die Magie in dem einen der beiden ursprünglichen Aspekte der Sprache, dem Nichtverstandenwerdenwollen, die Wissenschaft in dem anderen. Wenn das so ist, werden Magier und Philosophen weiterhin nebeneinander existieren, solange es noch lebendige Sprache gibt. Man findet Vertreter der einen und der anderen in der Medizin, in der Politik, in den Universitätsinstituten, überall.

Innere und äußere Sprache

Die Frage der Übersetzbarkeit ist für alle interessant, die miteinander sprachlich kommunizieren, selbst wenn sie nur eine Sprache sprechen. In Wirklichkeit sind wir nämlich alle mehrsprachig, mindestens zweisprachig, z.B. Schwäbisch und Hochdeutsch, meistens dreisprachig, Schwäbisch, Hochdeutsch und geschriebenes Deutsch.

Spätestens beim Schreiben, oft schon beim Hochdeutschreden, zeigt sich die Übersetzbarkeit oder Unübersetzbarkeit der inneren Umgangssprache, in der sich das Denken abspielt. Da kommen ganz verschiedene mentale Konstitutionen zum Vorschein. Der eine ist in einem sogenannten gebildeten Elternhaus von Anfang an mit Fragmenten sauberen Hochdeutschs gefüttert worden, oft Entlehnungen aus dem schriftlichen Deutsch, das im Haus reichlich zitiert wird. Er tut sich später leicht, grammatikalisch korrekte Sätze zu produzieren, und hat auch mit der Wortwahl keine Schwierigkeiten, weil er keine anderen als die akademisch akzeptablen Wörter zur Verfügung hat. Ich weiß nicht, ob man solche Leute beneiden sollte; zu denen, die, wenn alle im Gespräch nach einem Ausdruck suchen, mit einer erlösenden Wortneubildung überraschen, gehören sie jedenfalls nicht. Wer so erzogen wurde, kann lange Reden halten, an denen nichts auszusetzen ist, als daß einem der Inhalt am Ende entgangen ist. Das kommt vielleicht daher, daß bei ihnen jener Filter fehlt, der bei unsereinem zwischen dem traulichen Innenleben und der sprachlichen Aussage eingeschaltet ist und der nur das durchläßt, was die Hürde dieser ersten Übersetzung genommen hat, nur das, was der Mühe der Übersetzung wert und deutlich genug ist. Mich wundert es weniger als andere, wenn man von Nabokov, ursprünglich Russe, sagt, er habe das gewandteste moderne Englisch geschrieben, wie auch Joseph Conrad, ursprünglich Pole. Auch die meisten Schreiber, die zu Hause bleiben, übersetzen ihr Leben lang aus dem heimeligen Dialekt in die Sprache, die sie in der Schule gelernt haben. Beckett, der seine Romane im erlernten Französisch schrieb und sie dann ins Englische zurückübersetzte, unterzog sich freiwillig einer noch strengeren Disziplin.

Umgangssprache der Wissenschaft

An Beckett sollte denken, wer sich darüber aufregt, daß er seine Arbeiten in englischer Sprache bei Zeitschriften einreichen, seine Vorträge auf Kongressen englisch halten muß. Das ist in den Naturwissenschaften heute so. Es würde eigentlich reichen, wenn man an Kepler und Galilei, Newton und Leibniz dächte, die sich mündlich und schriftlich im akademischen Latein miteinander unterhielten, ohne daß ihre schöpferische Phantasie unter dem Zwang der fremden Sprache gelitten hätte. Freilich, gleiches Recht für alle, es gab damals keine lateinischen Muttersprachler mehr. Heute ziehen wir Kontinentalen gegenüber den englischen und in geringerem Maße den amerikanischen Kollegen in der Diskussion oft den kürzeren und müssen bei eingesandten Manuskripten ein beleidigendes Maß von Korrekturen hinnehmen. Aber ich habe auch schon die Freude erlebt, bei Manuskripten von englischsprachigen Kollegen, deren Korrektur mir zufiel, sprachlich eingreifen zu dürfen: nicht jeder, der Englisch kann, kann schreiben. Vor allem aber: nicht jeder Kontinentale, der ein schlechtes Englisch schreibt, drückt sich in seiner eigenen Sprache sehr viel besser aus. Ich habe die Erfahrung gemacht, daß die, die sich im gemischtsprachigen Verkehr, sei es in Südtirol oder in den Naturwissenschaften, der eigenen Sprache am geschicktesten bedienen, meist die andere auch beherrschen. Die, die ihre eigene Sprache gegenüber der anderen am erbittertsten verteidigen, verteidigen in Wirklichkeit oft das Prinzip des Nichtverstandenwerdenwollens.

Schreiben

Als besonders nobel gilt seit jeher, wer das gesprochene Wort, oder das bloß gedachte, in das geschriebene übersetzen kann. Deswegen heißt der Graf so, von ›graphein‹, griechisch für ›schreiben‹. Das Geschriebene läßt sich herumtragen, vervielfältigen, speichern: es verleiht dem Schreibenden eine gewaltige Stimme über Zeit und Raum hinweg. Je gewaltiger die Stimme, um so bedächtiger die Rede, möchte man meinen, und im großen und ganzen trifft das auf das Geschriebene, besonders das Gedruckte zu. Es besteht die Möglichkeit zu korrigieren, der Schreiber kann den Entwurf zu verschiedenen Zeiten durchlesen, um ihn darauf zu prüfen, ob er verschiedenen Stimmungen und Kontexten standhält. Es kommt oft vor, daß das Geschriebene gescheiter als der Schreibende ist. In der Sprache der Computertechnik: die »Turing-Maschine« kann Rechnungen ausführen, bei denen der »endliche Automat« versagt, wobei sich die eine Maschine von der anderen nur durch die Möglichkeit unterscheidet, sich selbst Notizen zu machen und sie wiederzulesen. Ein beschränkter Geist reicht aus, um einzelne Sätze zu formulieren, dann benachbarte Sätze auf ihre Konsistenz zu prüfen, dann ganze Seiten, um so durch wiederholte Anwendung seines begrenzten Fassungsvermögens einen Text zu produzieren, der in dem Gewebe seiner Anklänge (Text heißt Gewebe) einen Geist aufleuchten läßt, den man dem Schreibenden mit Recht nicht zutraut. Der Akt des Schreibens wirkt als Intelligenzverstärker. Texte entfalten sich eigengesetzlich. Die persönliche Bekanntschaft mit dem Autor ist oft enttäuschend. Dieser kann so wirken, als hätte er seine eigenen Schriften nie verstanden, was vielleicht auch stimmt. Der Autor ringt beim Schreiben mit einem Widersacher, dem entstehenden Text, der ihm überlegen ist. Deswegen leidet der Schreiber, und je besser er schreibt, desto mehr leidet er, der Unterliegende, dem Text Unterworfene (nicht, wie man manchmal hört: je mehr er leidet, desto besser schreibt er).

Ich habe eine alte Schreibmaschine gekauft, auf deren Bauch der Besitzer die Inschrift angebracht hat: »Da questa macchina viene fuori tutto quello che vuoi.« Wahrlich eine wundersame Maschine, die alles hervorbringt, was man will. Vor dieser Maschine sitze ich beklemmt angesichts der Unendlichkeit der möglichen Aussagen, aus denen ich die meine auswählen muß. Aber wenn die Maschine zu klappern beginnt, ist es mir, als sollte ich die Inschrift ändern: Wenn einer weiß, was er will, so ist er eh schon halb verloren.

Ein amerikanisches Frechmaul hat vor kurzem einmal gesagt: »Most of the writing that's being done today is not writing at all, it's just typing.« Man möchte gerne wissen, was das Schreiben vom Tippen unterscheidet. Vielleicht, daß beim Schreiben etwas Neues mitgeteilt wird. Man kann eine neue Geschichte in einer alten Sprache erzählen, oder eine alte Geschichte in einer neuen Sprache. Eine neue Geschichte in einer neuen Sprache wird allerdings nicht verstanden. Eine solche, wie auch eine alte Geschichte in einer alten Sprache, ist »just typing«.

Unheimliche Beziehungen zwischen Sprache und Seele
Das meiste, was ich denke und empfinde, wird von innerer Sprache begleitet. Einer redet immer leise mit. Dieser eine bin wohl ich: auf jeden Fall, wenn das, was er sagt, zur laut gesprochenen Rede wird, so steht der Satz in der ersten Person Einzahl.

Das entsprechende Pronomen ›ich‹, indogermanisch angeblich ›eg‹, war ursprünglich vielleicht ein Knacklaut mit der Bestimmung, die Aufmerksamkeit auf den zu lenken, der ihn äußerte. Sein Einbau in das Sprachsystem ist zunächst ganz harmlos gewesen: in vielen Sprachen, z.B. Latein, Italienisch, Serbokroatisch, kann es weggelassen werden, ohne daß der Satz an Verständlichkeit verliert. Aber sobald es durch eine leichte Verbiegung des grammatikalischen Gebrauchs zum Substantiv wird, verführt es zum Mißbrauch. »Das Ich« ist das Subjekt vieler Aussagen, die verschlungene Geisteszustände mit merkwürdigen Nachwirkungen erzeugen. »Das Ich setzt sich selbst« ist ein Satz, vor dessen süßem Gift man sich am besten schützt, wenn man auf die ursprünglichen Bedeutungen seiner Bestandteile hinweist, nämlich »Ich«: Knacklaut; »setzen« (= veranlassen zu sitzen): das Hinterteil mit einer soliden Horizontalfläche in Berührung bringen; »sich selbst«: eine auf den Knacklaut zurückführende Bewegung. Oder: man ersetze »das Ich« durch »Ich«: Ich setze mich selbst. Das erstaunt niemanden mehr. Man übe das mit weiteren Sätzen dieser Art.

Aber man muß doch zugeben, daß die Sätze, die mit »Ich« anfangen, etwas ganz Besonderes an sich haben. Sie geben Auskunft über Vorgänge, die man gerne als Seelenleben zusammenfaßt. Andere sprechen von Geist, Psyche oder von Bewußtsein. Gibt es so etwas unabhängig von der Sprache, oder entsteht Bewußtsein (auch ein hübsches akademisches Sprachgebilde) erst, indem man darüber spricht, vielleicht wiederum unter Verwendung einer verbogenen Grammatik?

Ich suche die Antwort, indem ich meinem Dackel in die Augen schaue. Dieses arme Bündel aus Liebe, Unterwürfigkeit und schmutzigen Gewohnheiten verfügt nicht über das Pronomen der ersten Person Einzahl. Sein aktiver Wortschatz beschränkt sich auf Bellen, Winseln und Knurren, der passive umfaßt 16 Worte, größtenteils Kommandos für bestimmte Aktionen (»operant conditioning«, sagen die Psychologen), wozu auch das Bellen und das Winseln gehören, dazu noch ein paar Eigennamen. Die Phonem-Erkennung ist nicht präzise, zwischen »Tante« und »Tanzen«, zwischen »Essen« und »Fressen«, »Katze« und »cazzo«, »Gib mir die Hand« und »Spring an die Wand« vermag er nicht zu unterscheiden. Es ist nicht anzunehmen, daß sein Innenleben verbal strukturiert ist. Ich frage mich, wie er sein wortloses Selbst empfindet. Wenn ich ihm in die Augen schaue, und er mir, gelingt es mir jedenfalls nicht, ihn als Reflexmaschine zu verdinglichen.

Ich kann mir keinen schizophrenen Hund vorstellen. Diese entsetzliche Entgleisung des Denkens zeigt sich am Anfang oft, von außen unbemerkbar, in der inneren Sprache. Ein psychotischer Freund schilderte mir sein Grauen bei seiner ersten Bekanntschaft mit einer zweiten inneren Stimme. Einmal, als er sich den Wortlaut einer Rede überlegte, die er zu halten hatte, ein zweites Mal, als er sich beim Einschlafen ein kindliches Nachtgebet vorsagte, bemerkte er, wie ein zweites, ganz unabhängiges Reden daneben in seinem Inneren zu hören war. Sein Entsetzen hatte etwas damit zu tun, daß er bisher sein inneres Reden als sein eigentliches Sein empfunden hatte. Es gelang ihm nicht, sein Sein als aus zwei Teilen bestehend anzunehmen. Alsbald verselbständigte sich das zweite Reden in ihm, sprach in der dritten Person von ihm, wurde zum zentralen Gegenstand all seiner Gedanken.

BERÜHMTE TIROLER
IM AUSLAND

Der Glauber Hans, mein Freund und Vetter in Frankfurt, hat die Idee gehabt, jemand sollte ein Buch zusammenstellen mit den Lebensbildern berühmter, erfolgreicher Tiroler im Ausland: den anderen zur Erbauung und zum Ansporn, die, von der Zeitung nur unvollständig mit Kulturberichten versorgt, oft von der Existenz ihrer prächtigen Landsmänner gar nichts wissen. Denn wer sich freigemacht hat von den Bindungen, wer im Umgang mit den geistigen Dingen die konkreten Bedingungen seines Daseins – Heimat, Familie, Schule – wie geborstene Schalen hinter sich läßt, den kümmert es wenig, was man dort von ihm hält, ja er mag sich im stillen sogar in der Rolle des verlorenen Sohnes gefallen und diese pflegen, als wollte er die Heimat bestrafen dafür, daß sie ihn festhalten wollte.

Die Idee ist gut, und es werden sich sicher Autoren, hoffentlich auch ein wackerer Verleger, finden, ein solches Buch herauszugeben. Im folgenden ein Beitrag dazu: drei Porträts von Männern aus der Region, die mit ihrer Originalität die Welt bereichert haben. Alle haben mir ihre Einwilligung zur Veröffentlichung meiner skizzenhaften Darstellungen gegeben. Sie seien dafür herzlichst bedankt, besonders auch Frank Tablereader für die Durchsicht des ihn betreffenden Kapitels. Dem Artemis Verlag gebührt Dank für die Erlaubnis zum Abdruck der v. Thurnschen Gedichte.*

DR. ANTON DELL'ANTONIO
Philosoph in Hamburg

In dem gediegenen Stadtteil Hamburg-Bergedorf, am Eingang zu dem Haus Körberstraße 9, hängt ein Schild mit der Aufschrift: »Dr. A. Dell'Antonio, Philosoph. Sprechstunden 11–13 und 17 bis 24 Uhr«. Ich war an dem Schild achtlos vorbeigegangen, hatte nur

* Mittlerweile haben sich Autorin und Verlag gefunden: Dr. Inga Hosp, *Südtirol von außen*. Bozen: Athesia 1986. Die Biographien der drei von mir beschriebenen Herren sind in dem Buch allerdings nur in kurzen Auszügen enthalten.

seitlich im Auge ein ungewisses Staunen mitgenommen, das mich zurücktrieb, den Text des Schildes bewußt aufzunehmen. Hier gab es also wirklich, wie im alten Athen, einen Philosophen mit einer Praxis, einen niedergelassenen Philosophen sozusagen, der gut, sicher besser als Sokrates, zu verdienen schien. Meine Scheu, mich in fremde Angelegenheiten ohne Not einzumischen, wurde kompensiert durch den vertrauten Klang des in manchen ladinischen Tälern Tirols verbreiteten Familiennamens Dell'Antonio. Ich trat durch die offene Haustür in einen nüchternen Flur und weiter in ein großes Zimmer, in dem der Philosoph, auf einer hölzernen Bank sitzend, einem Dackel zur Belohnung dafür, daß er sich vor dem Zuschnappen einmal rechtsherum drehte, kleine Wurststückchen verfütterte. Weder der Hund noch Dr. Dell'Antonio, ein rosiger, untersetzter Mann mittleren Alters in der lockeren, aber ordentlichen Kleidung eines Deutschen im Urlaub, schienen mich zu beachten. Ich war in der Stimmung eines offenbar außerhalb unserer Zeit stehenden Raumes gefangen, ergab mich ihr und wartete zu.

Irgendwann schaute Dell'Antonio auf. »Willkommen«, sagte er, »warum stehen Sie hier?«

»Weil Sie mir keinen Sitz angeboten haben.«

»Nicht schlecht. Dann wissen Sie sicher auch, warum Sie so sind, wie Sie sind.«

»Weil es mir beim besten Willen nicht gelingt, anders zu sein, als ich bin.« Der wird sich noch wundern, dachte ich und war mit mir selbst zufrieden.

»Sie neigen dazu, sich hinter der Sprache zu verstecken«, sagte der Philosoph. »Wissen Sie denn überhaupt, daß Sie existieren?«

»Cogito, ergo sum«, klang es jetzt hohl aus mir.

»Latein versteh ich nicht. Was heißt denn das?«

»Ich meine, daß, wenn ich halt so denk, da scheint mir, da muß wohl einer da sein, der denkt.« Mir schien das Umgangssprachliche an meinem Cogito besonders wirkungsvoll.

»Das kann jeder sagen«, entgegnete der Philosoph.

»Aber nicht jeder sagt es. Wenn es aber einer sagt, dann gibt es ihn wohl. Also ist es klar, daß zumindest Sie jetzt wissen, daß ich existiere.«

Jetzt grinste Dell'Antonio zum ersten Mal. »Dessen können Sie erst sicher sein, wenn Sie wissen, daß es mich gibt«, sagte er. »Wissen Sie das wirklich?«

Ich mußte zugeben, daß dies ein schwacher Punkt war, über den ich schon öfters nachgedacht hatte. Das Spiel mit der Vorstellung, daß alles, was ich erlebe, nur ein Traum sei, war mir vertraut. Mein unerwartetes Zusammentreffen mit einem Philosophen an diesem erstaunlichen Ort hatte meine prinzipiellen Zweifel an der Wirklichkeit in diesem Moment sogar noch fühlbarer gemacht als sonst.

»Ich kann Sie heilen«, sagte der Philosoph. »Setzen Sie sich zu mir auf die Bank.«

Ich setzte mich neben den Philosophen, dem geduldigen Dackel gegenüber.

»Fühlen Sie meine Nähe?« fragte er. Ich fühlte seine Wärme.

»Rücken wir ein bißchen auseinander. Sitzen wir auf derselben Bank?« Darüber schien mir nicht zu zweifeln.

»In derselben Weise auf derselben Bank?«

»So ziemlich«, sagte ich.

»Also sehen wir beide den Dackel wohl auf dieselbe Weise. Wenn wir jetzt miteinander reden und unsere Eindrücke über den Dackel vergleichen, so festigt sich in uns das Gefühl, daß wir denselben Hund meinen, und daß dieser, als Dackel, reell existiert, halten wir beide für sehr wahrscheinlich. Wir können einen Schritt weiter gehen. Rücken wir auseinander, so weit es geht.«

Ich gehorchte. Da stand der Philosoph plötzlich auf, ich saß unsanft auf dem Boden, während die hochgeschnappte Bank kräftig meinen Schädel traf.

»Glauben Sie jetzt, daß es mich gibt? Und daß es Sie selbst gibt?« fragte der Philosoph rhetorisch. Ich glaubte es. Mir schien sogar, daß der Hund durch meinen Schmerz an Wirklichkeit gewonnen hatte.

Auf solche Weise in meinem Realitätsbezug gestärkt, wollte ich eigentlich weiter meines Weges gehen, wurde aber von dem Philosophen, der fortfuhr, mit dem Dackel zu spielen, aufs neue gestellt. »Lieben Sie Tiere?« hörte ich ihn fragen.

Ich war vorsichtig geworden. »Ist das ein Test?«

»Der Versuch, mit Ihnen ins Gespräch zu kommen.«

Das klang ehrlich. Seine Frage hatte mich nachdenklich gestimmt. »Ich weiß nicht einmal, ob ich Menschen liebe«, sagte ich offen.

»Manche mag ich halt, einzelne Menschen, einzelne Tiere. Ich besitze zum Beispiel einen Kanarienvogel.«

»Um wieviel würden Sie mir den verkaufen?«

»Was wollen Sie damit?«

»Ich will ihn zur Polenta essen.« Hier schien mir aus Dell'Antonio der Venetier, nicht der Philosoph zu sprechen.

»Um keinen Preis kriegen Sie meinen Vogel!«

»Angenommen, dieser Dackel könnte von einer tödlichen Krankheit geheilt werden, wenn er Ihren Kanari fräße, was dann«, hub Dell'Antonio wieder an zu philosophieren.

»Ihr Dackel ist mir wurst.«

»Und wenn's Ihr eigener Dackel wäre?«

Ich mußte zugeben, daß ich ihm den Vogel opfern würde.

Dell'Antonio triumphierte. »Da haben wir's«, sagte er. »Die paar Jahre Hundeleben Ihres Dackels sind Ihnen also mehr wert als die paar Minuten Freude, die einem Menschen wie mir das Essen des Vogels zur Polenta bereiten würde. Gesetzt den Fall, mir würden durch das Verspeisen Ihres Kanarienvogels ein paar Wochen Leben geschenkt werden, wie würden Sie dann denken? Immer noch nicht? Und wenn es sechs Monate wären? Drei Jahre?«

Dell'Antonios Argumentation war mir unerträglich. Ich sagte: »Mein Kanari singt so schön. Sie aber, Herr Doktor Dell'Antonio, reden lauter unsinniges Zeug daher. Der Vogel ist mir auf jeden Fall lieber.«

Hätte ich das nie gesagt! »Warum singt denn Ihr Kanari überhaupt?« fing er wieder an. »Ich will's Ihnen sagen: weil er vor lauter Begierde nach einem Vogelweibchen fast krepiert. Wenn Sie ihn lieben, machen Sie ihn doch glücklich: geben Sie ihm eine Partnerin, und der Singvogel wird nicht mehr singen, sondern eine Familie gründen. Das tun Sie aber natürlich nicht, denn Ihr bißchen Ohrenfreude ist Ihnen wichtiger als das Glück des Vogels und seiner ganzen Nachkommenschaft. So einer sind Sie, um kein Haar besser als ich. Der Unterschied zwischen uns ist nur, daß Sie den Ohren, ich dem Gaumen fröne. Oder nicht? Haben Sie schon einmal über den Wert des Lebens, verschiedener Sorten von Leben, nachgedacht? Testen Sie sich selbst – füllen Sie diesen Zettel aus!«

Ich tat es nicht. Auf dem Formblatt, das er mir reichte, standen Gleichungen mit Leerstellen zum Einsetzen von Zahlen:

1 Leben einer 30jährigen Frau ist ... Leben neugeborener Kinder wert.
1 Leben des eigenen Kindes ist ... Leben fremder Kinder wert.
1 Leben eines Freundes ist ... Leben unbekannter Menschen wert.
1 Leben eines Genies ist ... Leben von Volksschullehrern wert.
1 Menschenleben ist ... Hundeleben wert.
1 Hundeleben ist ... Leben guter Singvögel wert.

Und viele andere nach demselben Muster.

»Herr Doktor Dell'Antonio«, sagte ich statt dessen, »ich will nichts von Ihnen. Mir geht es gut, ich brauche keine Diagnosen, keine Tests. Ich hab auch keine Lust zum Philosophieren, zu einer Zeit, da die Welt aus den Fugen geht, es an Petroleum mangelt, in Persien täglich Leute von Fanatikern umgebracht werden.«

»In der Zeitung stand gestern geschrieben«, unterbrach mich der Philosoph, »daß in Teheran ein zum Tode Verurteilter vor der Vollstreckung des Urteils noch 100 Peitschenhiebe verpaßt bekam. Ich frage mich: wozu eigentlich? Warum nicht erst nach der Vollstreckung? Wäre das nicht für alle Beteiligten bequemer gewesen?«

»Es geht da wohl um zwischenmenschliche Kommunikation«, meinte ich, »um eine Mitteilung, die den Betreffenden als Lebenden erreichen sollte.« Ich mußte zugeben, daß das ein Problem philosophischer Art war, und war schon wieder gefangen.

»Wie stellen Sie sich den Tod vor?« fragte der Philosoph.

»Da hören die Lebensprozesse auf.«

»Ganz plötzlich?«

»Nein, wohl allmählich, in einer gewissen Zeit.«

»Und der Sterbende? Was geschieht mit dem?«

»Der zerfällt.«

»Passen Sie auf«, sagte der Philosoph, »stellen Sie sich eine Pendeluhr vor in einem Zimmer, in dem Sie gerade sterben. Sie lauschen dem Ticktack der Uhr. Wenn der Tod kommt, was hören Sie da: a) plötzlich nichts mehr, b) immer leiser ticken, c) immer langsamer ticken bis zum Stillstand, d) immer schneller ticken, bis die einzelnen Schläge nicht mehr zu unterscheiden sind, e) immer unordentlicher, verschwommener?«

»d) und e)«, antwortete ich. »Ich habe Ihnen schon gesagt, daß die Lebensprozesse langsam auslaufen. Die innere Uhr wird immer langsamer, die Pendeluhr im Zimmer wird im Vergleich dazu schneller zu laufen scheinen. Dann wird alles ungenau, verschwommen erscheinen. Dann ist alles aus.«

»In welchem Zustand befinden Sie sich dann?«

»In demselben, in dem ich war, bevor ich auf die Welt kam.«

Dr. Dell'Antonio lächelte ein wenig und nickte zustimmend. Dann wurde er plötzlich ärztlich. Er ging zum Schreibtisch, setzte seine Brille auf, nahm einen Vordruck und schrieb darauf: leichter, reversibler Solipsismus. Positivistische Züge bei einer sonst naiv humanistischen Haltung. Verdacht auf Animismus. Unreflektierte Ethik. Diagnose: inkohärentes Weltbild.

»Name und Beruf?« fragte er dann.

Ich fürchtete eine Honorarforderung und sagte: »Vielen Dank« und »Auf Wiedersehen« in dem Versuch, mich zu entfernen. Doch da hatte er mich schon wieder am Haken.

»Wo haben Sie das Philosophieren gelernt?« fragte er. Ich wäre mir sehr schäbig vorgekommen, hätte ich da eine der tiefen Quellen meiner Dankbarkeit verleugnet. Ich antwortete ehrlich: »Bei Frau Rigatti am Gymnasium zu Bozen.«

Da schaute mich Dell'Antonio lange an, mit einem so verdutzten Gesichtsausdruck, wie ich ihn bei einem Philosophen nie vermutet hätte. Das machte ihn mir sympathischer. Auf einmal wurde sein Gesicht weich und warm, er lächelte und sagte, das Wort wie ein Fragezeichen aus der fernen Erinnerung hervorziehend: »Valentino...«

Auch ich hatte ihn erkannt. »Toni...!« Wir umarmten uns kurz mit der zurückhaltenden Zärtlichkeit, die den Bewohnern der Alpen eigen ist, setzten uns dann ohne Angst zusammen auf die Bank und fingen an zu reden. Ich erinnerte mich wohl an den freundlichen, etwas verschlossenen Rätoromanen, der in der Klasse immer ganz hinten links saß (ich vorne, zweite Bank Mitte) und manchmal im Unterricht so unvermutet kluge Bemerkungen machte, daß wir uns nach ihm umdrehten. Ich hätte gerne gewußt, wie er mich in Erinnerung hatte, doch wagte ich nicht, ihn danach zu fragen. Wir verglichen unsere gemeinsamen Erinnerungen an Lehrer und Kollegen: seine schienen verklärt, meine verblaßt. Er erzählte von seinem Werdegang, wie es ihm zum Anliegen geworden war, das wunderbare Wissen aus dem humanistischen Gymnasium hinüberzuretten ins Leben, anzubieten den Leuten, die die Vorzüge unserer Erziehung nicht genossen hatten oder denen die Weisheit, verschüttet durch die Erziehung zu einem bürgerlichen Beruf, abhanden gekommen war.

Das Gespräch bot mir endlich Gelegenheit, zu erkunden, wie Dell'Antonio bei seiner Tätigkeit als Philosoph zu Geld kam.

»Das Geld kommt von der Ethik«, erklärte er. »Ich verlange 1000 bis 2000 DM, je nach der Kompliziertheit für die Lösung eines Problems in der Sexualmoral; erheblich mehr für die Erstellung einer Berufs- oder Geschäftsethik. Viele Geschäftsleute haben erkannt, daß sich eine solide, stets gleichbleibende moralische Grundlage im Geschäft tausendfach bezahlt macht, sie sind aber oft nicht imstande, selbst eine solche herzustellen. Ich habe auch Ärzte, Rechtsanwälte und sogar Politiker als Kunden. Am meisten kommt aber beim Verkauf der Zehn Gebote herein, die besonders bei jüngeren Leuten sehr beliebt sind.«

Ich verstand das nicht. Wer mag denn schon gerne Gebote, die noch dazu größtenteils Verbote sind?

»Das ist genau der Punkt«, erklärte Dell'Antonio. »Wenn einer sich bei mir die Gebote holt, kriegt er gleich ein Stück Freiheit mitgeliefert: das Brechen der Gebote ist von vornherein im Programm inbegriffen. Im einfachsten Falle, bei Leuten ohne ethische Grundlage oder bei solchen, die nicht viel Zeit und Geld investieren möchten, liefere ich einen fertigen Satz von 13 Geboten. Ich bespreche sie einzeln mit dem Kunden, er muß sich bei jedem überlegen, welche Einbuße an Freiheit es ihm auferlegen würde. Dann darf er drei Gebote streichen. Das Gefühl der Befreiung, das in ihm dadurch entsteht, führt dazu, daß er die übrigen zehn meist lange befolgt. Anspruchsvollere Kunden erarbeiten selbst, unter meiner Leitung, ihre Gebote, mindestens dreizehn, und streichen sie dann ebenfalls auf zehn zusammen.«

Das leuchtete ein. Ich war neugierig auf die Standard-Version der Dell'Antonioschen Gebote. Auf dem Zettel, den er aus seinem Schreibtisch holte, stand in fetter, feierlicher Schrift gedruckt:

Die Gebote des Philosophen

1. Du sollst dich selbst ernster nehmen, als du die anderen nimmst und als die anderen dich nehmen.
2. Du sollst Sinn und Unsinn unabhängig von dem Munde, aus dem er kommt, beurteilen.
3. Du sollst Kopien nicht weniger als Originale ehren.
4. Du sollst gegenüber einem Dümmeren nicht schlecht über einen Gescheiteren reden.
5. Du sollst deinen Feinden nicht predigen.
6. Du sollst, was dich bedrückt, in Worte fassen.
7. Du sollst keine Geheimnisse wahren.
8. Du sollst keine frühere Vereinbarung zugunsten einer späteren brechen.
9. Du sollst niemandem einen Schaden zufügen, wenn dir daraus nicht ein größerer Nutzen entsteht.
10. Du sollst mit niemandem schlafen, dessen Kind du nicht möchtest und dessen Eltern dir nicht gefallen.
11. Du sollst keine Frau ansprechen, wenn dir der Gedanke dazu kam, während du hinter ihr hergingst (Augen sind primäre Geschlechtsorgane).
12. In jeder Ordnung, die du schaffst, soll Platz für Unordnung sein.
13. Du sollst nie etwas Größeres auf etwas Kleineres legen.

Antonio gab mir den Zettel mit »zum Nachdenken«. Ich fragte, ob ich was schuldig sei. Er wehrte ab. Mit der verklemmten Herzlichkeit der Älpler gingen wir rasch auseinander.*

* Dieser Dr. Dell'Antonio ist keineswegs eine Karikatur des berühmten praktizierenden Philosophen Dr. Gerd Achenbach in Bergisch Gladbach, und wenn er eine wäre, so wäre er eine schlechte. Den Dr. Achenbach gab es noch nicht, als diese Geschichte geschrieben wurde, wie er, der jetzt mein guter verehrter Freund ist, bestätigen kann.

BONAVENTURA V. THURN

»Mit Dora Merl und Ernst Jandl eine der nicht zu überhörenden Stimmen im Gezwitscher der deutschen Lyrik südlich der deutschen Grenze«, wie es in einer neueren Literaturgeschichte heißt.* Mir wurde v. Thurn vor einigen Jahren in einem Zagreber Jazzlokal von gemeinsamen Bekannten als Landsmann vorgestellt. Sein blondes, strähniges Haar, das bewegliche Vogelgesicht und eine sonderbare Schlaksigkeit aller seiner Äußerungen erinnerten mich in der Tat an einen gewissen mir vertrauten Bozner Menschentyp und hatten mich für ihn eingenommen, noch ehe ich wußte, mit wem ich es zu tun hatte. In dem lauten Gewölbe, das sich im Keller eines altösterreichischen Palais im Zentrum von Zagreb (Agram) befindet, saß er, während die Band spielte, abseits auf einem Sofa und schien immer abwechselnd zu denken und zu schreiben. Eine Blonde, die ihm dabei über die Schulter schaute, riß die Zettel vom Schreibblock, sobald er damit fertig war, und legte sie unauffällig dem Kontrabassisten auf das Notenpult. Dieser erzählte, in den Pausen zwischen den Stücken, Witze auf kroatisch. Es müssen gute Witze gewesen sein, denn das Publikum hörte atemlos zu, bis das aufflackernde Kichern in johlendes Gelächter umschlug.

»Thurn, Bonny Thurn«, so stellte er sich mir mit einem Handschlag vor, »Fotograf, Freiherr, Freier und freier Schriftsteller. Zur Zeit hier Verfasser von billigen Witzen. Ich bin ein Feind des Humors, aber man kann davon leben. Mit sieben Witzen, 10 Dinar das Stück, verdien ich mir ein Abendessen. Moment, Entschuldigung.« Er konzentrierte sich kurz und entwarf einen neuen Witz.

Drei junge Frauen waren plötzlich da, eine schöner als die andere, die eine rot, die andere schwarz, die dritte blond, wie zufällig vor dem Sofa stehengeblieben, Standbein und Spielbein, die Hüften in vorteilhaften Posituren, entzückende Mündchen halb offen, geistesabwesend. Bonaventura lehnte sich zurück und betrachtete das An-

---

* *Die Vorwärtsredenden.* Gedichtemacher der Gegenwart. Herausgegeben von O. Lilienthal. Zürich: Artemis 1974.

gebot sachlich. »Zwei Profi-Fotomodelle, die dritte möchte gern«, erklärte er. »Feine Leiber. Schartig und dürr ist der Karst, aber saftig und glatt sind die Formen der Menschen in dieser Gegend.« Er griff nach einer Nummer von Penthouse, die auf dem Sofa lag. »Die dicke Rote hatte ich schon«, sagte er und schlug die Seiten auf, auf denen seine Fotos von ihr abgedruckt waren. Nahaufnahmen im Großformat, menschliche Anatomie durchs Weitwinkelobjektiv entmenschlicht, auseinandergezogen; Landschaftsbilder, Alpenglühen, hätte man fast gedacht, kennte man die Zeitschrift nicht. »Visionen der Sehnsucht nach den Quellen, nach dem Ursprung«, erläuterte v. Thurn, »erkennst du sie nicht, die Weinberge des Etschlands, die steilen Flanken der Berge, die dunklen Wälder der Schluchten?« Kulissen aus kroatischer Menschenhaut für ein tirolisches Drama des Heimwehs. »Ich sehe«, sagte ich und blätterte weiter. »Die meisten Fotografen in diesem Genre sind keine Poeten«, sagte Bonaventura, »zu deutlich, adoleszent, kein Sinn für Schatten.« »In der Tat, in der Tat«, bestätigte ich, blätterte noch ein paar Fotos weiter und legte das Heft weg.

Warum er nicht, wenn er Sehnsucht nach der Heimat hat, einfach mit der Bahn nach Tirol fährt, statt die alpine Landschaft im Frauenschoß zu halluzinieren, hätte ich gern gewußt, wollte aber nicht so naiv fragen. Also: wie er zur Südtiroler Heimat steht?

»Eure heilige römische Provinz deutscher Nation geht mich nichts an«, erklärte v. Thurn. Tatsächlich, er ist an ihrem Rande, in Mezzolombardo, in dem schönen Haus der Familie Dalla Torre zur Welt gekommen. Der Vater, Peregrin Dalla Torre-Thurn, seinerzeit als Parapsychologe einigermaßen bekannt, hat dem Familiennamen die deutsche Form gegeben (angeblich wiedergegeben) und ist im Zweiten Weltkrieg noch vor der Geburt Bonaventuras als deutscher Offizier fortgezogen und verschwunden. Die Mutter wurde Sekretärin Bischof beim von Trient. »Bin aber doch meines Vaters Sohn«, scherzte Bonaventura, und dann ernst: »Ich bin mit meinen Ahnen nicht uneins. Das hat Mühe gekostet, weil die sich untereinander nichts als Schwierigkeiten gemacht haben. Die Urgroßmutter meiner Mutter, eine geborene Hudrović aus der slowenischen Zigeunersippe, ist eine der letzten Hexen gewesen, die in Tirol verbrannt wurden, und zwar auf Geheiß des Grafen Mohrenberg, meines väterlichen Urgroßvaters, dessen Burg später in den

Besitz seines grausamen Gläubigers überging, des venezianischen Geldverleihers Salomon Levi da Conegliano, der sich auch gewundert hätte, hätte man ihm vorausgesagt, daß er einst mit den anderen zusammen zu meinem Ahnen werden sollte.«

»Ist das denn wirklich wichtig«, wollte ich wissen, denn ich hatte Mühe, in mir Interesse für die v. Thurnsche Abstammung aufkommen zu lassen. »Es hat seine Bedeutung«, meinte Bonaventura, »ob du von Nomaden abstammst oder von Bauern, ob deine Väter sich jahraus, jahrein mit demselben Acker geplagt haben, oder ob sich keiner von ihnen je auf einem Feld länger aufgehalten hat, als bis es abgepflückt und verwüstet war. Tiroler Bauern sind eigentümliche Menschen, die trauen dem lieben Gott nicht um die Ecke, hinter dem nächsten Berg fühlen sie sich schon von ihm verlassen. Die anderen aber, die Berittenen, Zigeuner oder Adeligen, für die die Landschaft immer nur zum Jagen da war, die lästigen Zäune der Bauern höchstens den Pferden das Springen zu lehren, die haben andere Empfindungen, die schätzen ein schlankes Bein höher als einen muskulösen Arm, einen kühnen Sprung mehr als hundert Jahre Arbeit. Nur, wenn es dir geht wie mir, wenn du in dich hineinhörst auf die Stimme deiner Ahnen und du hörst den einen zigeunerisch reden und den anderen tirolerisch und den dritten venezianisch, dann kannst du von ihnen keine rechte Beratung erwarten, dann weißt du nur eins: Dein Kreuz ist die Kreuzung, ein gewöhnlicher Mensch bist du, ganz auf dich selbst angewiesen, keiner Sitte verpflichtet. Kein Sittenstrolch, ein sittenloser Strolch bin ich!«

»Also«, fuhr er fort, »such ich mir Beratung im Spiel mit den Wörtern, im Umgang mit der Schreibmaschine. Nachts, wenn alle Gesitteten schlafen, sitz ich vor meiner Gebetsmühle und wundere mich über den Text, der da entsteht, und versteh ihn gar nicht, weil er unvollständig ist, und dann versteh ich ihn doch oder ahne es wenigstens und tippe weiter, und siehe da, am nächsten Morgen steht da etwas, was sich, wenigstens für mich, zu lesen lohnt. Das Geschriebene ist immer gescheiter als der, der es geschrieben hat.«*

---

* Diese Bemerkung v. Thurns sollte den Universitäten zu denken geben, die nach wie vor Professoren aufgrund ihrer veröffentlichten Schriften auf Lehrstühle berufen. (Anm. d. Verlags)

Ich fand Bonaventuras Bekenntnis rührend. Schriftstellerei als Rettung für Ratlose, als Ersatz für fehlende oder konfuse Bildung. Weiß Gott, das trifft auf viele Autoren zu, nur ist nicht jeder so einsichtig wie unser Freund v. Thurn. Was er denn eigentlich zur Zeit, außer Witzen, schreibt?

»Schlagertexte, politische Parolen für verschiedene Parteien, Slogans für die Werbung, Kreuzworträtsel.« Ich wußte schon, daß die Worte zu einigen der packendsten Romanzen von Gabi Novak von ihm stammen. Ich weiß auch, daß man Kreuzworträtsel an Zeitungen gut verkaufen kann. Aber Bonaventuras besondere Beziehung dazu wird erst klar, wenn man erfährt von *v. Thurns poetischer Theorie*. Wozu Versmaß, wozu Reim, haben sich schon viele Dichter gefragt, und mancher hat aufgeschrieen: Zu nichts sind diese Zwänge gut, laßt den Klang der Wörter in Freiheit ertönen, der Spießer soll selber seine Verse schreiben, wenn er die Gefälligkeit des Reimes wünscht! Anders v. Thurn: Schreiben ist eins und dichten ein anderes, sagt er. Die Hauptsache ist, daß die dichterische Rede sich allenthalben der gewöhnlichen Wendungen enthält. Das Außergewöhnliche des dichterischen Ausdrucks muß in jeder Zeile zu spüren sein. Eine strenge Metrik, ein genauer Reim zwingt dazu: es wäre ein merkwürdiger Zufall, wenn die Worte, so wie sie in der gewöhnlichen Rede aufeinander folgen, sich schon dem Versmaß fügten und sich gar reimten. Der Dichter muß ringen, muß weniger gebräuchliche Wörter aneinanderschmieden, um die strenge Form zu erfüllen, weniger übliche Wortstellungen im Satz ausprobieren, und siehe, ein Hauch von vornehmer Erhabenheit kennzeichnet das Ergebnis. Die gewählte Form zwingt zur gewählten Rede.

Nun kann man heutzutage, wenn man will, ganz andere Regeln erfinden, die der dichterischen Rede das Gepräge der Seltenheit geben, ohne auf die klapprigen, offenbar überholten Mechanismen von Versmaß und Reim zurückgreifen zu müssen.

Bonaventura hat viel experimentiert. Angeregt durch das Modell der sogenannten dodekaphonischen Musik*, hat er Gedichte geschrieben, in denen die 11 selbstlautenden Klänge der deutschen

---

* deren zweitbekanntester Vertreter, Anton v. Webern, übrigens auch aus einer Familie des Südtiroler Unterlands stammt: vielleicht ein Verwandter Bonaventuras. (Anm. d. Verlags)

Sprache (a, e, i, o, u, ä, ö, ü, ei oder ai, eu oder äu, au) streng als »Reihe« auftreten: keiner darf wiederholt werden, ehe nicht alle 11 vorgekommen sind, dann geht die Reihe wieder von vorne los. Er nannte das Vokalendekaphonie. Beispiel:

Hat unsr Baur läufge Küh, so möcht ich Bär sein, seufzt mein Stier, matt vom Föhn und kaut Türk-Ähren*.

Der Klang ist vollmundig, die nötigen kleinen Verzerrungen (unsr, läufge) wirken apart, doch lassen sich offenbar bei einer so strengen Regel keine vernünftigen Texte erzeugen.

Noch viel restriktiver freilich wirkt die Regel, die verlangt, daß der Text von hinten wie von vorne lesbar sei, oder gar, daß es von hinten wie von vorne gelesen derselbe sei. Daß es im Deutschen niemand weiter gebracht hat als zu dem dummen Satz »Ein Neger mit Gazelle zagt im Regen nie«, beweist schon, wie schwierig das ist. Bonaventura hat die Suche nach Palindromen bald aufgegeben. Das berühmte Beispiel aus dem mittelalterlichen Latein: in girum imus nocte et consumimur igni, unerreichbar zauberhaft in Sinn und Form, ist ihm ein Dorn im Herzen geblieben: es muß wohl von den Geistern selbst geschrieben worden sein, tröstete er sich.

Was sich bei seinen lyrischen Experimenten, die viel Beachtung fanden, letztlich bewährt hat, eine Regel, die der Rede soviel Maß aufzwingt wie Metrik oder Reim, ist diese: Schreib deine Texte so, daß sie, auf einer gewöhnlichen Schreibmaschine getippt, rechts wie links einen glatten Rand kriegen.

```
Abends zieh ich
am liebsten die
Schuhe aus, leg
mich auf weiche
Kissen und denk
auch nicht mehr
```

Hier ist die Formulierung so geschickt gelungen, daß die Aussage wie von einem kaum spürbaren Schmelz von Poesie überzogen ist. Kürzere Zeilen ziehen engere Zügel:

---

* tirolerisch für Maiskolben. (Anm. d. Verlags)

Abends zieh
ich so gern
meine Schuh
aus und leg
meinen Leib
gedankenlos
in die Kist

Auch hier hat der Könner die Unauffälligkeit der gewöhnlichen Rede gegen den formalen Zwang zu verteidigen gewußt. In der Auseinandersetzung zwischen Inhalt und Form entsteht dabei aber bereits ein Keim von Poesie. Dies wird deutlicher, wo das Gefühl mitschwingt, wie in folgendem, einer Zagreber Krankengymnastin gewidmeten Gedicht:

O du Gymnastin
was du anderen
tust, wie gern
möcht ich dirs
tun: wie gerne
das Gelenk des
Beines langsam
gefügig machen

Ein gewöhnlicher, ja sogar ein unanständiger Einfall findet hier einen differenzierten Ausdruck, indem die erzwungenen Variationen von Wörtern zu Bedeutungsträgern werden: »gern« zuerst, dann »gerne« drückt das Gefügigwerden vortrefflich aus.

Bonaventura v. Thurns poetische Experimente beruhen, so hat er mir erklärt, auf der mathematischen Theorie der sprachlichen Kommunikation, einem Zweig der modernen Kybernetik. Dem Außenstehenden mögen sie als Marotte eines Kreuzworträtselmachers erscheinen, vielleicht als das Symptom einer beklagenswerten Tendenz zur Formalisierung der künstlerischen Ausdrucksmittel heutzutage. In diesem Sinne äußert sich auch der Herausgeber der bereits erwähnten Anthologie *(Die Vorwärtsredenden)*, der v. Thurn immerhin zubilligt, daß bei ihm »Spontaneität und Sprachgefühl quasi widerwillig durchbrechen, selbst wo er ins Rationale abgleitet«, wie in diesem Stück, vielleicht mehr Denk-Etüde als Gedicht, überschrieben:

Wort- und Sinnspiel (unfreudsches) über Es

Daß es dich gibt
daß es dich mir gibt
heißt: es ist mir gut
ich bin ihm dankbar

Anhang:

Bonaventuras Auseinandersetzung mit der Kleinschreibung

in mezzolombardo Geboren, in zagreb wohnhaft, der italienischen wie der kroatischen sprache gleichermaßen mächtig, Schreibt v. thurn doch ausschließlich deutsche literatur. er Begründet das damit, daß deutsch wie keine andere sprache eigentlich eine schreibe Sei, eine ganz und gar erst auf dem papier zur entfaltung Kommende redeweise, die nur oberflächlich verwandt Ist mit den kümmerlichen idiomen, die in deutschsprachigen ländern zur mündlichen verständigung Verwendet Werden. im Geschriebenen deutsch Kommt der sprachliche ausdruck einer formelsprache am nächsten: keine andere sprache Vermag tatbestände, die normalerweise als physikalische formeln Hingeschrieben Werden, mit rein sprachlichen mitteln in allerdings oft seitenlangen sätzen Auszudrücken. ein dazu unbedingt nötiges hilfsmittel Ist das Hervorheben markanter satzbestandteile durch großbuchstaben. wer darauf Verzichtet, Weiß nicht, was Geschriebenes deutsch Ist. v. thurn Hat mit seiner polemik viel staub Aufgewirbelt. er Wurde als konservativ Gebrandmarkt. dabei Setzt er sich durchaus für eine reform der rechtschreibung ein. er Hält es für effektiver, wenn nicht die hauptwörter, sondern jene satzbestandteile, um die herum sich alles andere Gruppiert, nämlich die verben, groß Geschrieben Werden.

TEBELRITTER FRANZ (FRANK A. TABLEREADER),
Sexualpsychologe, New York

Ich verdanke meine Bekanntschaft mit diesem Tiroler einem Spiel, in dem ich es seinerzeit in den Vereinigten Staaten zu einer gewissen Vollkommenheit gebracht hatte: aus der Aussprache des Englischen zu erraten, aus welchem Teil Europas der Betreffende stammt. Ungarn, Sachsen und Schweizer erkennt auch der Anfänger leicht. Den neapolitanischen Sprachduktus bei der dritten Generation in Amerika zu identifizieren, dazu gehört schon ein feineres Ohr. Venezianer von Mailändern, Russen von Ukrainern zu unterscheiden ist höhere Kunst. Manchmal zögert man. So ging es mir, als ich in New York im Fernsehen den Worten eines gewissen Frank Tablereader lauschte, der vor einer Meute von erregten Journalisten sein kurz vorher erschienenes Buch *Sociobiology of Sex* so gut es ging zu verteidigen versuchte. Tablereader, ein kräftiger Mann mit markanten Farben, die der Farbfernseher gräßlich betonte, dunkelbraun lockiges Haar, hellroter Bart und grüne Augen, trug seine offenbar unliebsamen Ansichten in einem geschliffenen Englisch vor, dessen Phonetik jedoch eine ganz ungewöhnliche war. Ich tippte auf Tschechisch, dann auf Jiddisch, versuchte die merkwürdigen Klänge auch auf gemischte Einflüsse zurückzuführen, wie etwa Ladinisch plus Slowenisch, als dem erzürnten Sexualsoziobiologen der Ausdruck entfuhr »I don't care a fart«*, was er wie »farscht« aussprach. Jetzt war ich sicher. Ich rief am Ende der Sendung NBC an, wurde prompt mit Tablereader verbunden und fragte »Excuse me, are you a Pusterer†?« »Yes indeed, I am.« Die Verabredung war schnell getroffen. Tablereader lud uns in seine Wohnung in der 118. Straße zum Wein ein, mit dem er die Erinnerung an das Interview aus seinem Bewußtsein löschen wollte. Die Wohnung befand sich im 14. Stock eines Backsteingebäudes am Rande von Harlem, in einer Gegend, in der wir unser Auto nur ungern und mit einem besorg-

---

* Auf deutsch etwa: ist mir wurst.

† Man versteht darunter die Einwohner des Pustertals im nordöstlichen Südtirol, unmittelbar westlich an Osttirol und südlich an Nordtirol angrenzend. (Anm. d. Verlags)

ten Blick auf herumlungernde Gestalten und eingeschlagene Scheiben abstellten. Tablereader empfing uns mit Herzlichkeit am Lift, stellte uns seiner Frau Kathy in der Küche vor und führte uns dann in die eigenhändig von ihm mit Zirbelholz aus Wyoming getäfelte Stube. Das Zimmer umfing uns mit seiner traulichen Wärme und seinen angenehmen Proportionen, durch die Fenster schimmerte die Sternennacht, wir setzten uns auf die Eckbank an den klobigen Tisch, Kathy kam mit dem Krug, mit Brot und Speck, und unser neuer Freund begann zu erzählen.

Er war auf dem Tebelritterhof bei Toblach zur Welt gekommen, Sproß einer Familie, die den Namen des Hofes seit Jahrhunderten mit Stolz trug. Der gerahmte Kupferstich an der Wand der New-Yorker Stube, Dürers *Ritter, Tod und Teufel*, war ein Erbstück aus der Stube des alten Hofes im Pustertal und erinnerte an eine frühere Ableitung des Hofnamens aus »Teufelsritter«. Später* hat die Forschung den Hofnamen als slawischen Ursprungs ausgewiesen, keine Seltenheit in dieser Gegend Tirols, von debela rit†, vielleicht eine scherzhafte Anspielung auf den Körperbau der dort ansässigen Familie oder auf die Form der sanften Kuppe, auf der der Hof steht.

Franz Tebelritter hat seine Heimat sehr geliebt. Wenn er als Bub bei den weidenden Kühen auf der saftigen Wiese saß, hinter sich den raunenden Wald, vor sich die behäbigen Höfe des Dorfes, in würdevollen Abständen malerisch verteilt, so fühlte er sich glücklich und geborgen in dem, was ihm als die rechte Welt erschien, die tausendjährige Gepflogenheit germanischen Bauerntums, tausend Winter, Lenze, Sommer und Herbste, die ihren natürlichen jahreszeitlichen Anstand einer langen Reihe von Tebelrittern aufgeprägt hatten, deren letztes Glied er war. Schaute er hinunter auf die Drau, das schüchterne Bächlein, und verfolgte sie im Geiste hinüber ins slawische Land, so fühlte er anderseits erschauernd eine kleine Gemeinsamkeit seiner Heimat mit dem wundersamen Reich der Russen und Kosaken weit drüben in der unendlichen Ebene, aus der im Winter der eisige Wind ins Pustertal pfeift und in der, wie der

---

* A. Gerola, *Toponomastica atesina*, vol. XIV: *L'Alta Val Pusteria.*

† debela rit, südslawisch = Fettarsch. Auch für uns ist die Selbstverständlichkeit ärgerlich, mit der der Autor bei seinen Lesern die Kenntnis ausgefallener Sprachen voraussetzt. (Anm. d. Verlags)

kleine Franz ahnend erfuhr, Europa seine Wurzeln und seine Zukunft sucht. Vor ihm aber, zum Greifen nahe, die rosigen Felsen der Dolomiten, die senkrecht dem Wald entspringen, gemahnten ihn an die Ladiner, die dort wohnen, Tiroler Bauersleute wie er und seinesgleichen und doch zugehörig zu jener vielredenden, vielliebenden, warmen, komplexen Welt der Romanen, die er sich vom Kreuzberg über halb Europa und die halbe Welt bis hinüber nach Argentinien und nach Chile erstrecken sah, deren Sprache er in der Schule gelernt hatte und die ihn mit Stolz und Fernweh erfüllte.

Als Franz später in die Stadt (zunächst Brixen, dann Bozen) kam, fühlte er sich stark und froh mit seinem dreifachen Toblacher Blick, mit dem er die ganze Welt erfaßt hatte, und war allen Leuten freundlich gesinnt. Er wurde aber bald enttäuscht. Bald begegnete er Menschen, die es gar nicht hören wollten, wenn er von der slawischen Drau schwärmte, doch konnte er sich anderseits, mangels entsprechender Erfahrung, nicht ihrer Meinung anschließen, die Slawen seien grobe, gefährliche Lümmel ohne eigentliche Herzensbildung. Dann wieder mußte er sich darüber wundern, daß bei manchen seiner Landsleute ein jeder, der das H nicht ordentlich aussprechen kann, als ein hintertückischer, heimatloser Hurensohn galt. Wiederum gar bitter hat es ihn berührt, als andere Landsleute ihm den Tiroler Bauernhof als Brutstätte roher Gesinnung, ja gar als unmoralische Institution beschrieben, die die Beteiligten davon abhält, die sittliche Reife des Proletariats zu erreichen. Er gab sich Mühe, aber er konnte das alles nicht so recht in seine Gefühle aufnehmen.

So geschah es immer öfter, daß Franz Tebelritter im Gespräch mit seinen Landsleuten das eine oder das andere Volk gegen unsinnige Beschuldigungen verteidigen mußte, und er stellte bald fest, daß seine eigene Fürsprache ihm genauso peinlich war wie das Dagegensprechen der anderen. Er bemerkte, daß es eine besondere Sorte von Menschen war, die, ganz gedankenlos vielleicht, von jemandem als von einem schmierigen Wiener statt einfach von einem schmierigen Kerl sprachen, von einem italienischen Gauner statt einfach von einem Gauner namens so und so, von einem brutalen Deutschen statt einfach von einem brutalen Trottel. Solche Menschen zu verletzen, wurde ihm zu einem Bedürfnis, ja fast zu einer Sucht, und er wurde sehr geschickt darin. Allerdings entdeckte er, daß er sie am tiefsten verwunden konnte, wenn er seine Bosheiten nicht gegen sie, sondern gegen ihr Volk wandte, und siehe da, zu seiner Beschämung mußte er zugeben, daß er sich im Kreis bewegt hatte: in seinem Kampf gegen die Nationalisten hatte er sich von ihrer eigenen Redeweise vergiften lassen.

Bis er eines Tages in die Vereinigten Staaten reiste und dort eine Nation kennenlernte, die keine war, Menschen, die nur das eine gemeinsam hatten, daß sie ihren Vaterländern untreu geworden waren, ein Volk, dem kein Land der Väter, sondern nur das Land der Söhne gehörte. Die beleidigenden Reden, die Franz in Europa geführt hatte, vergaß er bald, denn er konnte damit in Amerika niemanden beleidigen. Sein Auge lernte die Formen des menschlichen Daseins unabhängig von geschichtlichen Zufälligkeiten zu unterscheiden. Es wurde ihm klar, daß die Unterschiede zwischen den einzelnen Menschen eines Volkes viel größer sind als die zwischen verschiedenen Völkern und viel interessanter, denn aus solchen Unterschieden zwischen Individuen sind die Dramen gemacht. Plötzlich überkam es ihn, daß der allergrößte, der allerdramatischste Unterschied der zwischen Mann und Frau war, und er war reif geworden, sich mit Anthropologie zu beschäftigen. Dies war der Anfang einer überaus fruchtbaren, erfolgreichen Forscherkarriere, die in dem couragierten politischen Einsatz Tablereaders (so schrieb er seinen Namen in Amerika) gipfelte.

Tablereader ist von Aktivistinnen der Frauenbewegung als Feind empfunden und als solcher auch körperlich mißhandelt worden. Ein Feind der Frauenbewegung, vielleicht, aber ein Frauenhasser gewiß nicht, was schon aus seinem offenbar harmonischen Verhältnis zu Kathy hervorgeht, die, zwar wortkarg, aber verständnisvoll, gelegentlich auch korrigierend an unserem Gespräch teilnahm. Ich würde Tablereader auch nicht als einen Reaktionär bezeichnen, nicht als einen, der das Entschwinden der eigenen Jugend als ein Schlechterwerden der Welt mißdeutet und mit neuen Lebensformen nicht fertig wird. Vielmehr erwies er sich in unserem Gespräch als ein schwungvoller, kampffertiger Denker mit einer Vision. Kurz gesagt, er glaubt, daß die Menschheit mit den Aufgaben, die die Erde bietet, nur fertig werden kann, wenn sie das Potential nutzt, das ihr in den beiden sich ergänzenden Daseinsweisen, der männlichen und der weiblichen, zur Verfügung steht.

Vor der Fernsehkamera, allerdings, hatte er Stellungen bezogen, die zunächst befremdlich wirkten. »It all started«, sagte er wörtlich, »with giving the women the right to vote.« Er schimpfte drauflos, auf die hemmungslose Konsumsucht, auf die disziplinlose Kindererziehung, auf die Abschaffung der Irrenhäuser und wachsende Straßenkriminalität, auf korrupte Politiker und schweinische Fernsehsendungen, dies alles, in Tablereaders historischer Sicht, erst nachdem weiblich sentimentales Denken durch die Einführung des Wahlrechts für Frauen in die Politik einfloß. Wozu auch? Die Hälfte der Menschheit, meinte er, ist genauso klug wie die ganze, »und was haben uns die Frauenstimmen gebracht? Parlamentsabgeordnete mit sex-appeal, pfeifenrauchende Politiker, Staatspräsidenten mit Filmgebiß.«

Okay, das war noch nicht das Schlimmste, das mag sogar seine Richtigkeit haben. Einige von Tablereaders Schlägen trafen die Frauen aber unterhalb der Gürtellinie. »Wer kocht denn heut abend bei euch zu Haus?« wandte er sich an eine der Journalistinnen. »Was, du selber?« fuhr er spöttisch fort, »hei, das war früher anders, so eine Frau Doktor sollte freilich eine Haushaltshilfe haben. Aber das geht ja nicht, die haben ja heute alle Psychologie studiert und stehen als Spezialistinnen für zwischenmenschliche Beziehungen von früh bis spät den Männern zu Diensten.« Die so angesprochene Frau wurde tatsächlich kurz nachdenklich, eine jüngere Kollegin sprang in die Bresche und sprach feierlich: »Es geht um das Recht auf Arbeit, das die Frau im harten Kampf erobert hat und wenn nötig mit den Zähnen verteidigen wird.« Das war vielleicht nicht geschickt gesagt und wurde von Tablereader ausgenützt. »Wer will denn heutzutage überhaupt noch arbeiten?« grinste er infam in seinen breiten Bart. »Jener Teil der Bevölkerung, der gesehen hat, wohin die Entwicklung geht (er hat nicht gesagt: der männliche), bemüht sich nur mehr um die Abschaffung der Arbeit.« Spielende Techniker organisieren die Welt in Tablereaders Zukunftsvision, Signale in datenverarbeitenden Netzwerken verrichten die nötige Arbeit mit Lichtgeschwindigkeit, Menschen haben Zeit füreinander, reden viel und lieben sich. Vielleicht wird man sich dann auch um Geld einen Arbeitsschein kaufen können, wie heute einen Jagdschein: nicht, um den

Hasenbraten auf den Tisch zu bringen, sondern aus Gründen der Nostalgie, vielleicht der Befriedigung eines angeborenen Triebes. Man mietet sich dann einen Preßlufthammer oder einen Putzlappen, kriegt für eine beschränkte Zeit einen Arbeitsplatz zugewiesen und darf nach Herzenslust bohren, putzen oder gar am Fließband stehen von früh bis spät, abends ist man wohlig müde und erzählt am Stammtisch Arbeiterlatein.

Ein klares Goal schoß Tablereader, als er von der Unterdrückung der Frauen in den Vereinigten Staaten zu reden anhub. Nirgends wie hier, sagte er vor der plötzlich still gewordenen Journalistenrunde, ist die Welt ganz nach dem Geschmack des Mannes gemacht. Seht euch die Städte an! Holzhütten im Grünen, über Hunderte von Meilen verstreut, jede der Traum eines Mannes, der am Wochenende nichts als die Vöglein singen und die Fische schweigen hören will. Über die Frauen aber, die in den Holzhäusern tagsüber zurückbleiben, fällt die schweigende Einsamkeit wie ein Netz von Irrsinn, aus dem sie niemand befreien kann, so verzweifelt sie auch schreien. So müssen sie, wenn sie überhaupt überleben wollen, die große Vergewaltigung erdulden, als Männer zu leben lernen, in Männerkleidern jeden Morgen das Haus verlassen, Interesse heucheln für Spiele, die Männer erfunden haben, müssen ihrer klingenden Stimme harsche Töne beimischen, um überhaupt gehört zu werden in der Auseinandersetzung um die Macht, wo letztlich doch der dröhnende Baß des Mannes das letzte Wort hat. Ist der Flirt am Arbeitsplatz Entschädigung genug? Oder die zweite und dritte Ehe? Wohl eher nicht: die Frauen haben die Einehe erfunden, die Männer die Scheidung.

Ist es denn anderswo anders, wollte man wissen. Freilich, sprach Tablereader, in manchen Alpenländern zum Beispiel. In Italien ist es gar umgekehrt, da sind die Frauen an der Macht. Und die Männer müssen sich nach dem Geschmack der Frauen modisch kleiden und angenehm konversieren, wollen sie zugelassen werden zu Tisch und Bett, Amt und Würden.

Ich weiß nicht, ob Tablereader ernsthaft hinter diesem Argument steht, sind ihm ja, wie er versichert, seit seinen frühen Pusterer Erfahrungen globale Urteile über Nationen zuwider. Doch als dialektischer Trick wirkte es vorzüglich: man war verwirrt. Überhaupt hatte seine Argumentation manchmal den Charakter einer

Falle. Es war von Aggression die Rede, dem finsteren Treibstoff der Geschichte. Aggressivität ist ein männliches Übel, behauptete er. Es sei sogar wissenschaftlich erwiesen*, daß Knaben sich von Geburt an aggressiver verhalten als Mädchen. Im Interesse des Weltfriedens müssen mehr Frauen in politische Führungspositionen kommen. Die Fernsehjournalisten nickten gravitätische Zustimmung. Gleich danach wirft Tablereader die Frage auf: Gibt es angeborene Unterschiede, die die verschiedene Rolle von Männern und Frauen in der Geschichte erklären? Man merkte die böse Absicht, die Gesichter zeigten Verärgerung.

Manchmal war er plump. »Hat die ganze Episode der Frauenbewegung in den vergangenen 100 Jahren nicht den besten Beweis für die Ineffizienz der Frauen geliefert? Wie erbärmlich sind doch ihre Erfolge! In hundert Jahren hätten wir Männer drei Dreißigjährige Kriege geschlagen.«

Gegenüber solchen historischen Fahrlässigkeiten wirkten die konkreten Ergebnisse Tablereaders auf seinem eigentlichen Fachgebiet solide. Berühmt geworden ist seine statistische Studie über das Aufhängen von Klosettpapierrollen, in der er ein riesiges Fragebogenmaterial aus drei Kontinenten ausgewertet hat. 85% aller Frauen, ganz unabhängig von Rasse, Konfession, Bildungsgrad etc., befestigen die Rolle so, daß das Papier hinten an der Wand abrollt, während fast alle Männer (96%) es vorziehen, das Papier an der dem Benutzer zugekehrten Seite herunterhängen zu lassen. Die (von männlichen Designern entworfenen) Halterungen, die das Abrollen in der weiblichen Richtung durch einen am Papier schleifenden Deckel erschweren, haben merkwürdigerweise die geschlechtsgebundene Vorliebe kaum beeinflussen können. Die Fakten sind nicht wegzuleugnen und haben zu Tablereaders Ansehen viel beigetragen. Was nicht gefallen hat, ist seine Deutung: zwei Arten, Klopapier aufzuhängen, als Ausdruck zweier archetypischer Figuren, das Konkave bei der Frau, das Konvexe beim Mann, Schoß und Waffe, im Unbewußten wie im Körperlichen verankert. Tablereaders Fernsehrunde hat verschiedene alternative, banalere Erklärungen vorgeschlagen.

---

* Carol Jackson, zitiert in Wilson, *On Human Nature*, Oxford University Press 1978.

Tablereaders Buch* ist eher sachlich gehalten. Ich habe mit Vergnügen darin gelesen. So manches, was als Erbsünde des Menschengeschlechts (Männergeschlechts?) auf uns zu lasten schien, ist unschuldig wie das Leben selbst, erfuhr ich nun, nicht Erbteil von steinzeitlichen Fehlentscheidungen – von verlorenen Amazonenschlachten, wie man glaubte, sondern von tierischen Verhaltensweisen, aus einer Zeit, für die ich nichts kann. Da liest man zum Beispiel in einer grandiosen darwinistischen Vision, wie die Natur uns Männer zur Untreue auffordert. Die wohlbekannte Verstimmung und Angriffslust, die die Frau in der letzten Woche ihres Menstrualzyklus befällt† und die speziell gegen den eigenen Mann gerichtet ist, sorgt dafür, daß die Fruchtbarkeit des Mannes nicht an eine Frau verschwendet werde, die zu der Zeit bekanntlich unfruchtbar ist, sondern sich zum Wohle der Art eine breitere Entfaltung verschaffe+. Wie liebenswürdig doch, dieser Gedanke, der den Sünder in Einklang bringt mit dem Siegeszug des Menschen über den Planeten, wo er nun überall siedelt, diskutiert und Bücher schreibt! Und wie tröstlich auch die anderen Theoreme einer darwinistischen Ethik, von Tablereader serviert: daß breite Becken gut für Mütter großköpfiger Leibesfrüchte, schmale unerläßlich für schnelle Läufer seien, die beiden Forderungen aber unvereinbar, woraus die Teilung der Menschheit in eine agierende und in eine brütende Hälfte notwendigerweise folge. Und andere mehr.

Viele werden das Buch am liebsten dort aufschlagen (Kap. 8), wo von der unterschiedlichen Leistung von Frauen und Männern in geistigen Dingen die Rede ist. Warum gibt es keine Komponistinnen, kaum Mathematikerinnen? Tablereader ist hier versöhnlich.

---

* F. A. Tablereader, *The Sociobiology of Sex.* Foundations of Anthropogynecology. New York: Springer 1977.

† Hier fällt mir ein Zitat aus dem Radio ein, das mich beeindruckt hat: »Ci soffermiamo un momento sul problema della mestruazione, che poi va affrontato da diverse angolazioni.« RAI, drittes Programm, aus einer Sendung von Frauen für Frauen. (Anm. d. Verf.)

+ Allerdings, Franz, ich sag ja nichts, aber man könnte auch eine andere tiefenbiologische Absicht in das unerfreuliche Prämenstrualverhalten hineindeuten: daß dieser Mann, der offenbar für eine Befruchtung nicht gut genug war, sich gefälligst entferne, um für einen anderen, potenteren, im nächsten Zyklus Platz zu machen. Jede Menstruation war, in der frühen Steinzeit, eine Blamage.

Jeder Mensch, sagt er, muß mit dem Tier in seinem Inneren fertig werden, und viele unterliegen dabei. Die Frau erliegt ihren Instinkten mit 25 Jahren, wenn der Wunsch nach dem Kind übermächtig wird: Doktorarbeit wird abgebrochen, Arbeitsvertrag hingeschmissen, irgendeiner wird geheiratet, und es gibt nichts Netteres mehr, als für den zu erwartenden Balg wollene Jäckchen zu stricken. Auch der Mann verblödet, mit 40, wenn ihn ein dunkler Trieb zu herrschen, zu führen drängt. Er wird Chef, Direktor, Obmann, aber zu einer Zeit, wo es weniger schadet: wo das, was er leisten konnte, schon geleistet ist.

Tablereaders Rezept: Frauen sollen im Alter von 14 bis 16 Jahren ihre Kinder kriegen. Dann sollen sie studieren und sich vernünftigeren Beschäftigungen zuwenden. Staatliche Kinderpflege und frühe Erziehung, unter Einsatz jugendlicher Großmütter und pensionierter Aktivistinnen.

Versöhnlich, sage ich deshalb, weil Tablereader in früheren Jahren auf seine tirolisch treuherzige Weise Ansichten über die weibliche Intelligenz vertreten hat, die man ihm in den Staaten übelgenommen hat. Die dumme Frau, nicht als Mißgeschick der Entwicklung, sondern im Gegenteil als Meisterstück der göttlichen Vorsehung, dumm geplant, um zwischen dem Intelligenzniveau des Mannes und dem des Kindes eine Brücke zu schlagen, gerade dumm genug, um mit dem Kind ein passendes Gespräch zu führen, und doch noch imstande, dem Mann in seinen Höhenflügen zu folgen. Es war Tablereader offenbar peinlich, als man im Fernsehen auf diese Theorie zu sprechen kam. Das war nur ein Scherz, sagte er. Was er eigentlich gemeint habe, sei dies: daß die Normfrau ein wenig kleiner gewachsen ist, damit sie dem Kind die Hand reichen kann, während sie am Arm des Mannes geht. Ich glaube, die hübsche Kathy, die klug zu schweigen versteht, die Kathy mit ihrem selbstgebackenen, herrlich gewürzten Brot, hat viel dazu beigetragen, daß dieser Tiroler doch noch zu einer fairen Einschätzung des weiblichen Intellekts gekommen ist. Wir haben am Holztisch in der Zirbelstube noch lange miteinander diskutiert. Wir sind Freunde geworden, und ich hab viel gelernt. Frank Tablereaders Äußerungen sind von vielen Leuten, ich muß bekennen, auch von mir, als ungewöhnlich schockierend empfunden worden: nicht etwa, weil man ihnen Glaubwürdigkeit absprechen wollte, sondern weil sie eine sperrige Ablehnung des Zugs der Zeit bekunden. »Was geht mich der Zug der Zeit an«, sagt Frank, »ich mag ihn nicht. Die Frauenbewegung hat mehr Unglück über die Menschheit gebracht als der Zweite Weltkrieg, mit allem, was damit zusammenhängt.« Ich weiß nicht, ob das stimmt, man kann globale Katastrophen nicht gut in privates Unglück umrechnen, aber vielleicht sollte man es versuchen. »Vergleich deine Großmutter mit deiner Frau, die Kinder jetzt mit dir, als du noch ein Kind warst«, sagte Frank. Möglich, daß der Vergleich so ausfällt, wie er meint, aber, ich weiß nicht. »Warte, bis du deine Enkelin mit deiner Großmutter vergleichen kannst«, sagte ich. Da schwiegen die beiden, und ich merkte, daß ich ein Wort zu viel gesagt hatte.

Mich hat der Ernst meines neuen Freundes, dort wo es um die Hauptsache geht, überzeugt und bereichert. Ich glaube es jetzt auch, man wird den Frauen, man wird den Männern nicht gerecht, wenn man die einen am Maßstab der anderen mißt. Nur wer die Verschiedenheit der beiden Seinsweisen erkannt hat, wird vermeiden können, daß ihm die Frauen als mißratene Männer erscheinen. Birnen sind süß, saftig, lang und grün: wer möchte Äpfel als saure, trockene, zu kurz geratene und nicht einmal grüne Birnen sehen? Laßt uns mit Freude in den Apfel beißen: er ist rot, knackig, prickelnd und pausbackig.

Nicht alles in diesem Text entspricht der Wahrheit. Zum Beispiel sind nicht alle als »Anm. d. Verlags« gekennzeichneten Anmerkungen vom Verlag. (Anm. d. Verf.)

MAESTRO ZOGGHELE

Violinpädagoge

Mein Geigenlehrer hat mein Haus umschlichen. Er wurde dabei beobachtet von einem, der es mir erzählt hat. Der Geigenlehrer am Arm seiner Frau flüsterte Worte, die beim Rauschen der Platanen im Winde unvernehmlich waren. Aber es schien, als spräche man über die Qualität des Geigenspiels, das man in dem erleuchteten Fenster eher sah, als daß man es nach außen dringen hörte.

Ich weiß nicht, warum ich an dem Abend gegeigt habe, aber es war ein harmloses Geigen. Früher, als es mir noch wichtig schien, Leuten zu gefallen, geigte ich mit geschwollenem Kamm, mit Passion und mit Erfolg. Später, für Geld, im Orchester. Aber jetzt – manchmal geige ich bloß, um die hübschen hölzernen Blasen, die an der Wand hängen, vorm Holzwurm zu bewahren. Der Wurm stirbt sofort, wenn er in seinem Loch mit Frequenzen von ein paar tausend Hertz herumgebeutelt wird. Die Mutter des unglücklichen Holzwurms unterscheidet bei der Eiablage nicht zwischen Geigen und anderen Möbeln.

Ähnlich unterschieden Herr und Frau Zogghele an jenem Abend nicht zwischen einem Geiger und einem, der nur so geigt, zwischen der Substanz, von der sie leben, und anderem, nur oberflächlich damit verwandt. Es wurde von ihnen beschlossen, daß ich Unterricht zu nehmen hatte, nein, vorher noch, daß der Geigenlehrer mir in meiner Zerstreutheit sichtbar gemacht, mir ins Bewußtsein gerückt werden sollte, um dort den Wunsch zu erzeugen, Geigenunterricht zu nehmen.

Der Wunsch entstand. Ich kaufte das Buch: *Die Geige, Spiegel des Geigers* von M. Zogghele, über 600 Seiten, zahlreiche Strichzeichnungen, Fotos von berühmten Geigern beim Spielen, Notenbeispiele, mathematische Formeln und physikalische Diagramme. Ich war fasziniert. Beim Lesen formte sich das Bild des Geigers als ein System von Sehnen und Muskeln mit dazugehörigen Gehirnzentren, das himmlische Harmonien, ausgedrückt in Notenschrift, präzise überträgt in Bewegungen von Knochenteilchen und letztlich in das Schaben des Bogenhaars auf der Saite.

Ein solcher Geiger war ich nicht. Aber es leuchtete mir ein, daß einer, der so geigen kann, ein besserer Mensch wäre, als ich einer bin. Der Wunsch nach Unterricht wurde stärker. Aber auch das Gefühl, nicht bestehen zu können. Ich ließ Zeit verstreichen.

Der Geigenlehrer gab ein öffentliches Konzert mit Klavierbegleitung im großen Saal des Kurhauses. Ich war aufgeregt, als der Solist, klein und schwarz vor dem glänzenden Kasten des Flügels, sein Instrument unters Kinn klemmte und noch einmal vor dem verstummenden Publikum auf die Korrektheit der Quinten prüfte. Dann legte er sein Gesicht auf die Geige, ließ sein Haar darüberfallen und geigte los. Ein dünnes Band entwand sich, durchwoben mit silbernen Fäden, wurde breiter, erwies sich als fest und elastisch, machte sich selbständig, flatterte zwischen den Säulen des Saales, wurde zu einem verschlungenen Knoten, der von einer Wand zur anderen reichte, umrankte den Geiger und wickelte ihn ein. Pause. Zogghele wurde wieder sichtbar, Sekunden beklemmender Stille. Plötzlich wirbelte er einen funkelnden, stählernen Besen stechender Töne dem Publikum in Augen und Ohren, komisch fast, süß und scharf wie Meerrettich. Pause. Dann wurde es romantisch. In einem Korbgeflecht von Klaviertönen ließ sich der Geiger über die sanften Wogen verschiedener Buchten treiben, machte zu jedem Wellenschlag eine zierliche Bewegung und hob die Geige ins Abendrot.

Auf einmal verlor er das Gleichgewicht, fiel ins Wasser, das violett war vom Abendrot, reckte die Arme hoch, um Geige und Bogen zu retten, wortlos, wurde in den Korb gezogen und ins Trockene abgeschleppt. Er hat beim letzten Satz den Faden verloren. Schlußakkorde. Ende der Vorstellung. Applaus.

Mir hat das Konzert ausgezeichnet gefallen. Zogghele, ein zerbrechlicher Held wie Odysseus, nackt und schön nach dem Schiffbruch am Strande der Nausikaa. Ein Mensch. Ich meldete mich zum Unterricht.

M° Zogghele empfing mich an der Haustür, nahm mir die Jacke ab und hängte sie an einem Kleiderhaken auf. Ich holte meine Geige aus dem Kasten, stimmte sie und postierte mich dem Geigenlehrer gegenüber. Nehmen Sie Platz, sagte er und wies auf einen tiefen Lehnstuhl. Ich legte die Geige auf den Tisch, setzte mich und betrachtete ihr Profil, wie sie noch eine Weile wackelte.

Erst reden, sagte Zogghele.

Ich weiß nicht, hub ich an, es geht nicht mehr recht. Es klingt nicht mehr, und es macht mir Mühe. Vielleicht sollte ich eine bessere Geige kaufen, vielleicht auch nur weichere Saiten aufziehen.

Der Maestro nahm meine Geige vom Tisch, schob die Brille auf die Stirn und ließ das lupenartige Auge über alle Kanten und Nähte des Geigenkörpers gleiten. Jetzt hielt er sie auf Armeslänge vor sich und ließ ihren Bauch, dann mit einer kecken Drehung ihren Rücken auf sich wirken. Zum Schluß betrachtete er die Schnecke von der Seite, zupfte mit dem Daumen vier knallende Pizzicato-Töne und legte die Geige wieder hin.

Die Geige soll nicht besser sein als der Geiger, sagte Zogghele. Diese Geige ist gut.

Ja, aber recht scharf auf der E-Saite in der ersten Lage. Und bei Doppelgriffen auf den zwei oberen Saiten hört man ein unangenehmes Heulen. Geb ich ihr einen dickeren Steg, dann ist es nicht so schlimm, aber dann gibt die G-Saite wenig her. Ein höherer Steg wäre vielleicht besser, aber die hohen Saiten schneiden in die Finger. An der Seele kann's nicht liegen, die steht ganz richtig. Ich zeigte dem Lehrer den Stimmstock durchs F-Loch. Zogghele hat das nicht interessiert. Der Geigenbau ist das Gegenteil vom Geigenspiel, sagte er. Man soll seine Partnerin lieben, nicht an ihr herumfeilen, nicht Teile auswechseln. Das einzige, was ein Instrument tun soll, ist, sich selbst immer gleich bleiben. Gute Geigen sind feste, unbeugsame Geigen. So können wir uns darauf einstellen, jeder auf die seine. Eine gute Frau ist eine konstante Frau.

Okay, Zogghele, ich seh schon, wohin das läuft. Ich soll üben, an mir selbst arbeiten, Technik erwerben, Bescheidenheit, Kraft und Wissen.

Nicht an sich selbst arbeiten, sagte der Maestro, sondern an der Geige. Aber mit dem Bogen, nicht mit der Feile.

Ich dachte, der ganze Witz war, daß der Lehrer einen zu einem besseren Menschen macht, zu einem, der aus der Bildung seines Wesens dann auch geigen kann.

Sie haben es verstanden, sagte der Lehrer. Aber ein besserer Mensch wird man, indem man übt, gleichzeitig auch einer, der geigen kann. Zogghele holte zwei kleine Gläser aus dem Schrank, wischte sie mit einem Tuch ab und goß Süßwein ein. Die meisten verstehen das nicht, sagte er und prostete freundlich.

Beim nächsten Mal fragte Zogghele: Bei wem haben Sie gelernt?

Ich habe elf Lehrer gehabt, italienische, deutsche, böhmische, amerikanische, auch jüdische Lehrer.

Die Juden sind die besten, sagte Zogghele, die machen sich das Leben leicht: sichere Haltung, einfache Bewegungen.

Eine Tonleiter spielen, befahl er mir dann, G-Dur, langsam, auf und ab. Seine Augen waren auf meinen Fingern, lähmend, auf meinen Schultern, auf meinen Füßen sogar, sie beunruhigend. Ich führte meinen Bogen, so gut ich konnte, das heißt schlecht, und dachte am Frosch an das, was mir Frau Luzzatto am Konservatorium in Bozen gesagt hatte, in der Mitte des Bogens aber dachte ich an Wolfe Wolfinson von der Musikschule in Boston und an der Spitze an Giuseppe Francavilla vom Scarlatti-Orchester in Neapel.

Von jedem Lehrer ein extra Schlenker, bemerkte Zogghele (er benützte den Ausdruck scodinzolamento). Das gibt keine einfachen Bewegungen.

Springbogen, verlangte er dann, Triolen auf der leeren A-Saite, ta ta ta, ta ta ta. Ich spielte tätähtä, tätätäh, tätäts. Er hieß mich die Geige weglegen. Wissen Sie, wie man das macht? fragte er freundlich.

Bei Zaniboni habe ich gelernt: mit dem Handgelenk. Bei Luzzatto: mit der Hand. Bei Petroni: mit den Fingern. Bei Wolfinson: mit dem Unterarm. Und bei dem unvergleichlichen Herrn John: mit der Spitze des Ellbogens. Ganz recht, sagte Zogghele, aber eigentlich macht man es mit Grazie, das heißt, mit dem Kopf. Wie schleudert man ein Messer? Man muß alles vergessen außer dem Messer und wo es hin soll.

Dritte Lektion. Mein Lehrer ist auf den Tag gleich alt wie ich. Er ist in dieselbe Schule gegangen wie ich, nur in einer anderen Stadt, hat dieselben Lehrer gehabt, dieselben Phrasen gelernt. Er hat die breite Bildung der Veralteten wie ich und ist ungewöhnlich gescheit. Ich bin begeistert.

Zogghele ist bekannt dafür, daß er ein verdrießliches Wesen hat. Auch dieses ist mir willkommen. In unserem Alter, sagt er, ist nicht mehr zu erwarten, daß man viel lernt. Ja, aber man kann klären, was man schon hat. Vielleicht, sagte Zogghele.

Zogghele hat Takt. Er sagt nicht: Sie machen alles falsch, so macht man das. Er sagt: Sie machen es so, wie man uns das damals gelehrt hat. Er macht mich nicht zum Schüler, er macht mich zum Greis. Er leistet Sterbehilfe. Er sagt: Heifetz hat in Ihrem Alter auch keinen schönen Ton mehr gehabt, er hatte sich, wie Sie, auf seine Jugend verlassen.

Vierte Lektion. Zogghele holt schon frühzeitig die Gläser und erklärt, was ein Vibrato ist. Nur so, weil das wichtig ist für einen guten Vortrag. Zoggheles Frau kommt herein und räumt die Gläser weg, dann setzt sie sich mitten ins Zimmer und schaut uns zu. Zogghele und ich in der Ecke vor dem Notenpult, jetzt beide mit Geige und Bogen, beide kurzsichtig, viel zu nahe an den Noten und zu nahe aneinander, der Bogenstrich ist beengt, die Musik ist technisch anspruchsvoll, die Stimmung ist hin, das tonliche Ergebnis unerfreulich.

Fünfte Lektion: vor Leuten spielen. Für Leute will ich nicht spielen. Ja, für wen denn sonst? Für mich selbst, damit ich ein besserer Mensch werde. Schon, sagte Zogghele, aber dazu braucht man die Leute: damit geklatscht wird, und auch damit man sich blamieren kann.

Zogghele schildert das Gefühl, das einer hat, der, hell beleuchtet, 500 anonyme Augenpaare im dunklen Saal auf sich gerichtet, die Geige unters Kinn nimmt und den Bogen ansetzt. Der erste Bogenstrich – es scheint zu funktionieren, er wird zum Ton, den man hören kann. Weitere Striche, man freut sich, die Töne werden dem Geiger abgenommen, er legt sie hin, einen nach dem anderen, sie spielen sich selbst, er nur hinterher mit seinen Bewegungen. Und wie er »Bewegung« denkt beim Spielen, da packt ihn eine kalte Hand am rechten Arm, und er muß jetzt die ganze Zeit an seine Bewegungen denken und weiß nicht, wie man das macht, und schon ein Ton daneben, und in seinem Bauch regt sich das Grauen, und jetzt zittert der Bogen, und die Leute im dunkeln Saal rücken auf ihren Sitzen herum, man hört das Knarren der Stühle. Der Rest der Sonate ist Schülerkonzert, der Geiger ein Hampelmann, sein eigener Schüler nur mehr, mit hölzernen Bewegungen die angelernten Regeln exemplifizierend.

Der Feind sitzt nicht im Publikum, sondern im Bauch, sagte Zogghele.

Sechste Lektion. Zogghele ist unpäßlich. Die Stimme der Frau durch die verschlossene Tür heißt mich umkehren. Ich gehe mit dem Geigenkasten verstimmt ein Bier trinken. Einer am Tisch fragt mich, ob ich ein Geiger sei, ich sähe nämlich so aus. Ich weiß nicht was sagen.

Siebte Lektion. Wir kommen zum Abschluß. Zogghele im Schlafrock sitzt im Lehnstuhl mit einer wollenen Schärpe um den Hals. Die Sonne scheint, das offene Fenster, die Amsel im Garten, des Meisters Laune bedeuten Rekonvaleszenz. Was ist Harmonie, fragt er und antwortet selbst. Die Abstimmung der Teile, die Sparsamkeit der Mittel, das innere Gesetz, angedeutet in den Proportionen, die sich erst, wenn das Gesetz intuitiv erfaßt ist, als mathematisch exakt erweisen. Harmonie als Endzustand, alle Akkorde unterwegs bloß Verspannungen, Verstimmungen, die sich entlang einem Gefälle des sich Auflösens entwickeln, manchmal auch wieder neckisch bergauf, dann wieder mit verminderter Spannung auf den letzten Ton zu, der rein ist und glatt und physikalisch einfach.

Ist das der Sinn des Geigens, zum Schluß die leeren Saiten einer rein gestimmten Geige zu streichen?

Zogghele lächelte traurig, aber anhaltend. Dann wies er mit dem Kopf auf den Schrank. Ich holte für uns die Gläser und goß ein.

Zu Hause nahm ich die Geige aus dem Kasten, stimmte sie exakt in Quinten und hängte sie an einen Nagel an der Wand. Ab und zu nehme ich sie in die Hand und zieh die Saiten nach. Ich brauche einige Minuten für eine ganz und gar befriedigende, glatte Stimmung. Das sind die glücklichsten Minuten meiner musikalischen Entwicklung.

TENTAKEL DES GEISTES

Vom Nutzen des Denkens
in der Forschung

1. Festrede bei einer Versammlung von soeben geschlechtsreif gewordenen Embryonen

»Der Mensch ist ein geschlechtsreifer Affenembryo« (Bolk, 1926)

Verehrte Festversammlung!
Zwischen einer Ewigkeit und der nächsten lasset uns in dieser Feierstunde den flüchtigen Augenblick festhalten, in dem das Gewesene sich verwandelt in das, was sein wird, hinter unserem Rükken und ohne unser Zutun, ja ohne daß sich unser zitterndes, fluktuierendes Hiersein überhaupt mit Sicherheit lokalisieren ließe, ob es hinterherhinkt hinter dem Bruch der Ewigkeiten oder ihm vorausschauend vorauseilt. Denn unser Sosein und Hiersein und Jetztsein im Fluß der Zeiten ist nichts als eine unscheinbare, sich aufbäumende Welle, nicht einmal gewiß, ob sie bricht und ein paar Augenblicke lang zierliche Gischt versprüht oder ob sie sich verschwendet im Strome auf Nimmerwiedersehen.

Jedoch: Wir sind in eine Welt hineingeboren, und die ist fest und nimmt gemessen ihren Lauf nach ergründlichen Gesetzen. Wir, ausgestattet mit einem winzigen Stück Festigkeit, von der Welt geborgt für die Dauer unseres kurzen Lebens, horten darin die Fetzen von Wissen, die uns der Zufall zu raffen gestattet. Fast blind, wie wir sind in unserer Winzigkeit, tölpeln wir durch die Welt und bemühen uns, ihren Lauf mitzudenken, indem wir die Fetzen in wechselnden Mustern zu Teppichen zusammensetzen, mit Löchern und Fransen und losen Lappen zwar, aber doch als Bilder zu beschauen. Da und dort glauben wir zu sehen, wie sich die Ränder des Teppichs schließen, so daß wir träumen von einem allseits geschlossenen Sack ohne Löcher und Lappen, in dem wir uns einnisten in unserer Winzigkeit und doch das ganze Wissen über die Welt greifbar zur Hand haben.

Ein solcher Sack, meine Damen und Herren, ist die Weltanschauung, nach der wir streben.

Wie, werden Sie fragen, bloß wir oder doch jedes lebende Wesen, ob Tier, Pflanze oder Bakterium, alles, was sich da fortpflanzt auf Erden und Lebensweisheit seinen Kindern und Kindeskindern weitergibt? Ist nicht der Wurm, der aus dem Ei schlüpft und fleißig seinen Apfel frißt, ein Wissender über die biochemischen Vorgänge, die dazu führen, daß er später, in eine Motte verwandelt, zielstrebig zum nächsten Apfelbaum flattert und Eier in die Äpfel legt, in denen er die nächste Generation von Würmern gut aufgehoben weiß? Ist nicht die Rebe, die ihre Ranken um Zweiglein und rostige Drähte windet, eine Wissende über die Stürme, die im Winter ihr Dasein bedrohen? Ist nicht im abgestoßenen Schwanz des bedrohten Gekkos, der noch eine Weile wackelt, während das verstümmelte Tier in eisiger Ruhe verharrt, ein Wissen über die Vorgänge im Zentralnervensystem der Katze, die ihr alles Bewegte ungleich appetitlicher erscheinen lassen als reglose Körper? Ist nicht in diese Sehphysiologie selbst ein Wissen über die Gefahren beim Genuß von toten, verwesenden Tieren eingebaut? Ja, weiß nicht gar die bescheidene Spirochaeta pallida schon einiges über die Gepflogenheiten der Menschen, wenn sie, die nur über Schleimhäute einzudringen vermag, die Pusteln im zweiten Stadium der Syphilis genau an jenen Hautstellen erblühen läßt, mit denen die Schleimhäute des nächsten Opfers mit großer Wahrscheinlichkeit in Berührung kommen werden?

Genug, genug, Sie haben freilich recht, alles Leben ist Theorie, Entwurf ist jede Generation, und Experiment ist ihr Überleben: alles im Archiv der Riesenmoleküle in den Zellkernen der lebenden Substanz aufgeschrieben und überliefert. Aber nicht dieses zu feiern sind wir heute hier zusammengekommen. Wir feiern die Reifung, meine lieben fruchtbar gewordenen Embryonen, die es nun Ihnen, wie mir schon lange, möglich macht, den Zustand der Unfertigkeit als den endgültigen zu erleben und als solchen an Ihre Nachkommen weiterzugeben. Denn in dieser Unfertigkeit, die unsere höchste Auszeichnung ist, liegt der Schlüssel zu allen Fertigkeiten, die wir uns aneignen mögen. Uns bleibt die vollständige Ausgestaltung der adulten äffischen Existenz erspart, die uns bei unseren Affenonkeln und -tanten so unangenehm berührt. Unser wunderbar gedehntes Leben befähigt uns in einem köstlich verlängerten Kindesalter bereits zur Fortpflanzung und geht insgesamt, so zahlreich sie auch sein werden, über die Jünglingsjahre nicht hinaus. Die Zeit der

Spiele, der flüchtige Lenz des Lebens, in dem das Äffchen, der Grausamkeit des Darwinschen Prozesses kurz entzogen, eine notdürftige private Exploration seiner unmittelbaren Umwelt rasch absolviert, sie ist für uns zum eigentlichen Leben geworden. Ja, der Akt der Fortpflanzung, für die Affenonkel und -tanten der einzig mögliche konstruktive Beitrag zur Genetik, die den Lebensstil ihrer Art weitgehend bestimmt, er hat durch seine Versetzung in die Zeit der Spiele viel von seinem Ernst verloren und gerät uns jetzt zur Freude, als Mittel der Kommunikation zwischen Menschen und nicht zwischen Genomen. Denn wir, nur wir unter all den Lebewesen, die da als Fleisch gewordene Weltanschauungen diese Welt bevölkern, ausgeliefert den mühsamen Erfahrungen der Darwinschen Tragödie und den Fährnissen der genetischen Kombinatorik, nur wir triumphieren über die Riesenmoleküle und vermögen dem mitgegebenen Entwurf unseren eigenen entgegenzuhalten. Denn die Zeit der Spiele ist die Zeit der Erfahrungen, und die Jünglingsjahre, die unser Leben ausmachen, sind die Zeit der Spekulation. Es mögen andere Redner bei zukünftigen Versammlungen die Individualität des Menschen feiern, oder seine Freiheit, oder seine Überheblichkeit über alle Formen des nichtmenschlichen Intellekts. Lassen Sie mich diese eine menschliche Gabe als die höchste und umfassendste preisen, die Fähigkeit des Menschen, die aus seiner andauernden Unfertigkeit entspringt, mit individuellen Konstrukten des Intellekts ein Leben lang der Wirklichkeit zu begegnen: Theorien zu schaffen!

Ende der Festrede.

2. Von meiner Tätigkeit

Meine Spezialität, für die ich bezahlt werde, ist das Betrachten von Gehirngewebe, fein zerschnitten, im Mikroskop. Wichtig ist dabei natürlich, was ich nachher an Bildern und Gedanken als wissenschaftlicher Fotograf und Schriftsteller veröffentliche. Von der Beobachtung zur Darstellung führen viele Wege, so viele, daß jedesmal, wenn man denkt, man habe sie alle betrachtet, jemand kommt, der einen neuen Weg aufweist. Ich kann nicht alle Wege beschreiten, sondern nur einen oder ganz wenige. Die Wahl meines Weges ist ein willkürlicher, poetischer Akt, der aus einer Anschauung entspringt, die der Beobachtung vorausgeht oder bei der Beobachtung entsteht, noch ehe sie verstanden ist. So finde ich, der ausgezogen war, die Dinge beschreibend zu erfassen, mich zu meiner eigenen Überraschung als Theoretiker wieder. Ich entdecke dabei, daß Theorie ein notwendiger Bestandteil meiner Tätigkeit ist und daß diejenigen unter meinen Kollegen, die das selbst noch nicht bewußt erlebt haben oder es gar leugnen, bloß unbewußt die Theorien anderer Leute als die Wahrheit übernommen haben.

Wenn ich zum ersten Mal ein Präparat von einem mir unbekannten Stück Gehirn, vielleicht mit einer neuartigen Präparationstechnik hergestellt, im Mikroskop betrachte, so ist der erste Eindruck der einer wirren Ansammlung von Abfällen verschiedener Sorten von exotischem Gemüse. Der Anblick wäre zum Verzweifeln, wüßte ich nicht aus Erfahrung, daß die ruhige Betrachtung der Strukturen jedesmal langsam eine Klärung bringt. Der Prozeß ist immer derselbe, die Stufen spiegeln wahrscheinlich allgemeine Gesetze der Informationsaufnahme wider. Zuerst saugt das visuelle Gedächtnis Bilder auf, ohne Einzelheiten systematisch zu isolieren oder sie gar zu benennen. Dann, bei der Wiederholung der Beobachtung und besonders bei der mehrfachen Beobachtung verschiedener Exemplare derselben Art, drängen sich Elemente auf, deren Benennung zum Ausgangspunkt einer sprachlichen Erfassung der Situation wird. Man merkt gleich, daß es verschiedene Elemente sein können, je nach dem Tenor der Geschichte, in die man sie einzubauen gedenkt. Natürlich gewinnt die Geschichte ihrerseits erst an Form, wenn die Elemente, von denen in ihr die Rede sein wird, aus dem anfänglichen Durcheinander auftauchen. So bedingt der Sinn die Zeichen, und das Ensemble der Zeichen ergibt den Sinn. Diese Gegenseitigkeit ist wichtig und sehr allgemein, man kann sie z.B. auch im Bereich der Sprache beobachten. Wenn Sprache undeutlich übermittelt wird, etwa bei einer gestörten Radioübertragung, so können einzelne Phoneme (vulgo ungefähr Buchstaben) nur mit großer Mühe erkannt werden, im Zusammenhang werden aber ganze Wörter gehört, und diese werden perzipiert, als ob die Phoneme, aus denen sie bestehen, mit aller Deutlichkeit erfaßt worden wären. Übrigens gilt beim Erfassen von Sprache die gegenseitige Bedingung von Sinn und Zeichen auch auf dem nächsthöheren Niveau: einzelne Wörter werden erkannt, wenn sie sich zu Sätzen fügen (besonders bei Sprachen, die man noch nicht gut kennt), und auf dem übernächsten ebenfalls: ganze Sätze werden erst abschließend aufgenommen, wenn sie einen vernünftigen Sinn ergeben. Das Morphem (vulgo ungefähr Wort) heiligt die Phoneme, der Satz heiligt die Morpheme, die Geschichte heiligt den Satz.

Habe ich einmal im Mikroskop strukturelle Elemente erkannt und benannt, so folgt die nächste Phase der passiven Versenkung in die Gegebenheiten. Ich entdecke dabei Gesetzmäßigkeiten, die für die verschiedenen Elemente gelten. Fasern einer gewissen Sorte verlaufen immer in einer bestimmten Richtung, kleine dunkle Zellkerne liegen oft in der Nachbarschaft von großen hellen, dicht verzweigte Fasern gehören zu Zellen mit rundlichen Zellkörpern etc. Ich notiere diese Zusammenhänge und sichere sie durch weitere Beobachtungen. Ich wäre jetzt so weit, daß ich meine Entdeckungen zusammenschreiben und in einer Fachzeitschrift veröffentlichen könnte, vorausgesetzt, daß sie originell sind, d.h., daß das nicht schon ein anderer vor mir getan hat, aber doch nicht so originell, daß sie der gängigen Meinung vollkommen entgegenlaufen. Die Veröffentlichung würde in diesem Fall nämlich von den Kollegen, die die Zeitschrift redigieren, mit großer Wahrscheinlichkeit abgelehnt werden. Ich nehme mir gewöhnlich viel Zeit mit der Veröffentlichung, weil ich in meinem Institut eine Stellung habe, die von mir weniger den Nachweis andauernder experimenteller Emsigkeit verlangt als die Erstellung wohldurchdachter Forschungsprojekte. Meine Ergebnisse interessieren mich vor allem in Zusammenhang mit den Fragen, die ich gerne mit meinen Freunden diskutiere.

Es folgt also die Phase der Gespräche und der einsamen Meditationen. Hier wird an Theorien gebastelt, mit dem Ziel, die Fakten in einem einfachen Bild aufleuchten zu lassen und ihre Zusammenhänge zu einer Geschichte zu machen, die sich leicht erzählen läßt. Die Gespräche finden meist vor der Wandtafel statt, einer geht auf und ab und denkt, ein anderer reckt sich auf dem Liegestuhl, ein dritter versucht an der Tafel ein Schema, das ihm dämmert, in eine Zeichnung, eine Formel, ein Diagramm zu verwandeln. Die Gespräche setzen sich am Mittagstisch fort oder beim Spazierengehen. Die Meditation findet statt, wo sie kann, besonders gut in der Eisenbahn oder in der Badewanne. Im fortgeschrittenen Stadium der Schaffung einer Theorie wird die Meditation allgegenwärtig, drängt immer heraus, beim Aufwachen in der Frühe schon zeugt sie von ihrem Fortwirken im Traum, auch in den Gesprächen setzt sich der eigene Gedanke immer mehr durch und blockiert einen gegenüber den Entwürfen der anderen.

Wenn man Glück hat, zwei-, dreimal im Leben vielleicht, gelingt einem eine Geschichte, die alle Leute überzeugt. Zunächst glaubt man selbst daran, mit einem Schlag, wenn durch eine glückliche Wendung der Gedanken oder durch eine neue Beobachtung alle Einzelheiten plötzlich als notwendige Bestandteile eines einfachen Zusammenhanges erscheinen. Was so überzeugend wirkt, ist die gleichzeitige Auflösung einer ganzen Reihe von Knoten, die vorher die Entwirrung unmöglich zu machen schienen. Vorher hatte man an einzelnen Knoten gearbeitet und entdeckte dabei nur neue. Auf einmal scheint die Lösung einer Schwierigkeit die anderen mitzulösen. Die subjektive Gewißheit ist zwingend. Und doch hat jeder erlebt, daß es oft eine Vorstellung gibt, die, wie um uns zu narren, eine Menge von Fakten wunderbar zu vereinheitlichen scheint bis auf einige wenige, an denen sich dann zeigt, daß sie falsch ist. Darüber später mehr. Der prinzipielle Zweifel, der so stark ist wie die subjektive Gewißheit, dämpft den Groll, den man empfindet, wenn die Kollegen sich nicht sofort der Begeisterung anschließen. Man möchte ihre Skepsis als Unfähigkeit zu verstehen deuten, als Neid oder gar als Hinterlist. Man muß sich in Geduld üben und aus der Skepsis der anderen neue Befestigungen für die Theorie bauen. Ein guter Gedanke ist letztlich immer infektiös.

Auf meinem speziellen Gebiet erlebe ich immer wieder zu meiner Überraschung (obwohl ich es schon lange weiß), daß ein Stück Theorie nur akzeptiert wird, ja, überhaupt erst verstanden wird, wenn es bei dem, dem ich es erzähle, in eine vorgegebene Vorstellung hineinpaßt. Vielleicht ist das in der Physik auch so, oder in der Kosmologie. Unter uns Biologen jedenfalls geben entgegengesetzte Wunschvorstellungen oft Anlaß zu groteskem Miß- oder Unverständnis. Unter der Erklärung einer biologischen Struktur (oder eines Verhaltens) kann man nämlich ganz Unterschiedliches verstehen. Der eine möchte bloß wissen, welche Kräfte da im Spiele waren, als bei der Entwicklung des Lebewesens aus dem Ei, z.B. eines Zebras, jene Struktur, z.B. die schwarz-weiße Streifung des Fells, entstand. Er ist schon ganz zufrieden, wenn er sich vorstellen kann, wie sich in einem frühen Stadium die Zellen, die das dunkle Pigment enthalten, von den anderen, die keines enthalten, vielleicht durch gegenseitige Abstoßung getrennt und streifenweise angeordnet haben, und meint, er habe damit das Zebra erklärt. Wenn er weiterdenkt, kommt er auf Fragen der Molekularbiologie: wie es dazu kommt, daß irgendwelche in die Zellmembran eingebauten Moleküle die gegenseitige Abstoßung der Zellen bewirken und andere das Haften der Zellen aneinander. Und dann will er noch wissen, wie das Maschinchen funktioniert, durch das die fadenförmigen Riesenmoleküle der Erbsubstanz hindurchlaufen, wobei auf der anderen Seite genau jene besonderen Eiweißmoleküle herauskommen, die das Haften, das Abstoßen, das Sich-Krümmen, das Wachsen, das Sezernieren und das Sterben der verschiedenen Zellen bewirken. Freilich ein stolzes Programm, aber eines, das ganz und gar in der Gedankenwelt der Physik angesiedelt ist, in der wir uns am wohlsten fühlen: klare Kausalketten, meßbare Kräfte, altvertraute Substanzen, die die ganze Geschichte ausmachen.

Der andere Typ von Biologen möchte umfassendere Gründe wissen, warum der Esel grau ist mit einem weißen Bauch, das Zebra aber gestreift. Riesenmoleküle haben sie beide in sich, den Gesetzen der Physik kann sich keines von beiden entziehen. Zellen bewegen sich, haften aneinander, stoßen sich ab während der Entwicklung beider. Solche Biologen lassen die Physik gerne gelten, haben hohen Respekt vor ihr und verstehen sie vielleicht sogar, aber sie glauben nicht, daß die Kenntnis der Atome und ihrer Wechselwirkungen (oder etwa noch kleinerer Bestandteile) genügt, um in einem kolossalen theoretischen Aufbau schließlich die Existenz des Zebras zwingend vorauszusagen. Denn wenn aus solchen Teilchen einmal ein Zebra entsteht und einmal ein Esel, ganz zu schweigen von Fröschen, Pflanzen, Bakterien etc., so können die Gesetze, nach denen sich die Teilchen bewegen, alleine noch nicht entscheidend sein. Und in der Tat, es kommt noch etwas dazu, nämlich die Information über die Gegebenheiten der Umwelt und über die schlaue Überwindung der in ihr enthaltenen Gefahren, also das, was in der Festrede, die diesen Betrachtungen vorausgeht, als Fleisch gewordene Weltanschauung bezeichnet worden ist. Solche Fleisch gewordene Weisheit hat dem Esel das Fell so eingefärbt, daß er, von oben beleuchtet, wie er meistens ist, recht einförmig grau vor dem Hintergrund der grauen Landschaft steht (weil das helle Fell am Bauch den sonst ihn verratenden Schatten unten kompensiert), und hat ihm die Lust mitgegeben, sich in der Steppe aufzuhalten. Dem Zebra aber hat eine analoge Weisheit sowohl die in höherer, vertikaler Vegetation sehr praktische Tarnzeichnung mitgegeben wie auch die Lust, sich dort aufzuhalten. Für die Biologen, die diese Aspekte sehen (ich nenne ein paar Namen: Lorenz mit Riedl, den Soziobiologen Wilson, Dawkins mit seinem eigennützigen Gen), ist die Welt der Lebewesen ein Buch, besser eine große Sammlung von Büchern, jedes voll von den interessantesten Notizen über eine lange Stammesgeschichte mit all ihren tragischen Erfahrungen, aber auch mit den Bedingungen, die bis auf weiteres immer noch zu dem happy end führen, zum Überleben der betreffenden Art. Von diesem Standpunkt aus betrieben, ist die Untersuchung der Formen der Lebewesen tatsächlich dem Lesen eines Textes verwandter als dem Messen und Experimentieren in der Physik, und die Theorien, die dabei entstehen, sind Deutungen, geisteswissenschaftliche Konstrukte, semiologische Bestandsaufnahmen. Was man alles in die Zeichnungen auf den Flügeln verschiedener Schmetterlinge hineindeuten kann, ist ganz ähnlich dem, was bei der Analyse gewisser phantastischer Malereien zutage tritt: Augen, Dornen, abstrakte Farbflecken, Schatten. Die Ergebnisse sind in beiden Fällen nicht bloß zufällig ähnlich, denn es handelt sich bei beiden Arten von Bildern um hochstilisierte Darstellungen, durch die Erwartungen, Ängste, Instinkte, symbolhafte Inhalte auf der Seite des Beschauers angesprochen werden.

Die Theorien, die mir am Mikroskop einfallen, gehören in diese zweite Art von Biologie, mit dem Unterschied allerdings, daß die Anklänge nicht philosophisch-künstlerischer, sondern technischer Art sind. Ich tue nämlich so, als hätte ein sehr kluger, anonymer Ingenieur die ganze ihm zur Verfügung stehende Information über die Umwelt des Tieres verwertet, um eine möglichst effiziente Verschaltung der Nervenzellen im Innern des Gehirns zu entwerfen. Ich kann ihn nicht nach seinen Gedanken befragen, aber ich kann sie erraten, wenn ich mir die Vorteile der tatsächlich in Nervennetzen realisierten Verschaltungen überlege.

Das ist ein hochinteressantes Spiel, und eines, aus dem die Technik eines Tages wahrscheinlich Nutzen ziehen wird. Was wir betreiben, ist eigentlich Erfindung, geleitet von den Hinweisen, die uns die Strukturen in den Gehirnen geben. Jedes Schema, das ich erfinde, ist natürlich auch eine Hypothese, die weitere Konsequenzen hat. Ich kann dann untersuchen, ob die Details, die die Hypothese voraussagt, ebenfalls in der Gehirnstruktur vorhanden sind. Manchmal trifft das auch zu, manchmal nicht, dann muß ich weiter erfinden. Das Vorgehen ist nicht anders als in jeder anderen ordentlichen (d.h. experimentellen) Wissenschaft, nur ist meine Voraussetzung einer in der biologischen Substanz verwirklichten Vernunft dem Physiker natürlich ganz fremd. Ich komme deswegen aber keineswegs mit den Physikern ins Streiten, weil diese sehr wohl wissen, daß die von mir angenommene Vernunft nichts anderes ist als eine verschlüsselte Form der Darwinschen Evolutionstheorie, die (fast) allen Naturwissenschaftlern durchaus einleuchtet. Merkwürdigerweise sind es eher die Biologen (die von der ersten Sorte, die sogenannten Biophysiker), denen ingenieurhafte Deutungen von Gehirnen gegen den Strich gehen.

Die Nacherfindung der natürlichen Weisheit macht mich bescheiden, da mir die Wirklichkeit immer um einen Schritt voraus ist. Es hat mich oft verdrossen, wenn ich einsehen mußte, daß ein kluges Schema, das ich mir ausgedacht hatte und das für das Tier ach so nützlich gewesen wäre, im Gehirn dann doch nicht verwirklicht war. Aber es hat sich immer gezeigt, oder man konnte mindestens stark vermuten, daß der tatsächlich vorhandene Mechanismus noch um einiges schlauer war als der meine. Man hat einen klugen Partner, und man kann immer etwas lernen, wenn man dem anonymen Ingenieur der lebendigen Substanz auf die Finger schaut.

Der Umgang mit diesem Partner hat den Charakter eines Gesprächs. Mir ist vorhin das Wort »Wirklichkeit« entfahren, ein heikles Thema, aber keine schlechte Bezeichnung für den Gesprächspartner, der immer recht hat. Wir Wissenschaftler tun so, als glaubten wir, daß die Wirklichkeit tatsächlich existiert. Unter uns gesagt, wir glauben es wirklich. Wer einen guten Teil seines Lebens in einem oft sehr mühsamen, manchmal zweideutigen, aber doch immer fruchtbaren Gespräch zubringt, der zweifelt nicht an der Realität und inneren Konsistenz seines Partners. Wenn es eine Kategorie von Menschen gibt, die durch einen gemeinsamen, unverrückbaren

Glauben zusammengehalten wird, so sind es die Wissenschaftler mit ihrem Glauben an die Realität.

Was immer sich die Philosophen zu diesem Thema gedacht haben mögen. Und wie überheblich auch immer ein Theologe den Glauben, den er vertritt, über den unseren stellen mag.

3. Theoretikermoral

Wer Theorien macht, braucht für den Spott nicht zu sorgen. Das liegt daran, daß die edle Unreife, die der Festredner so schön hervorgehoben hat, bei manchen Menschen im Laufe des Lebens doch einer gewissen Starrheit, einem Hang zur Endgültigkeit weicht, der die Beschäftigung mit neuen Gedanken erschwert. Solche Menschen entwickeln verschiedene Sorten von Abwehr gegen das Neue, von denen die Zufriedenheit mit den eigenen Anschauungen, gepaart mit der Angst vor den Leuten, die diese Zufriedenheit nicht teilen, die gewöhnlichste ist. Um sicherzugehen, wird man gewohnheitsmäßige Nachdenker als Schöpfer möglicher Unzufriedenheit überhaupt ablehnen. Das Denken hat aber in unserer Kultur mittlerweile doch so viel Prestige, daß man es als solches niemandem zum Vorwurf machen kann. Man wird also argumentieren, daß das Philosophieren vom Tun abhalte, mit der selbstverständlichen Implikation, daß das Tun auf jeden Fall das bessere von beiden sei.

Der gute Theoretiker freut sich über solche Leute und stimmt ihnen gerne zu, da er auf die Fakten angewiesen ist, die durch die Überbewertung der Betriebsamkeit in großer Menge entstehen. Er weiß auch, daß er, mit etwas Glück, der nächsten Generation dieser Verbissenen seine eigene Theorie als die anerkannte Selbstverständlichkeit untergejubelt haben wird, und auf die große Verbreitung, die ihr dadurch beschieden ist, freut er sich insgeheim.

So stark ist die Abneigung gegen das Theoretisieren in gewissen Kreisen, daß man sich veranlaßt sah, Bücher zum Gebrauch der experimentierenden Wissenschaftler zu schreiben, in denen die Nützlichkeit des Nachdenkens, in einem bestimmten Mischungsverhältnis zum Experiment, gepriesen wird, gewöhnlich mit einer Anweisung, wie sich die beiden Komponenten, in kleinen Schritten abwechselnd, am effizientesten zum wissenschaftlichen Fortschritt kombinieren lassen. Auf die Kürze der Schritte wird gewöhnlich

Wert gelegt, und mit Recht, weil längere Phasen des Alleingangs sowohl für den Mann im Labor als auch für den am Schreibtisch die Gefahr bergen, daß er sich verselbständige und sich in seinen Spielen verliere. Das knappe Hin und Her bürgt für gutes Zusammenspiel. Die Münzen, die dabei ausgetauscht werden, sind einzelne Voraussagen und einzelne Messungen.

Merkwürdig ist, daß solche Anleitungen zum Wissenschaftsbetrieb oft in einem Ton gehalten sind, der dem Experiment gegenüber der Theorie eine höhere moralische Wertigkeit bescheinigt. Man darf nachdenken, aber nicht zu lange, und dann soll man wieder messen, und für die erfolgreiche Messung wird man gelobt. Der umgekehrte Tonfall: Habt ruhig euren Spaß im Labor, aber dann reißt euch zusammen und denkt ein bißchen nach, kommt in den Texten der Wissenschaftstheoretiker viel seltener vor. Das rührt vielleicht von dem uneingestandenen schlechten Gewissen, das der berufsmäßige Methodologe, ein Mann des Schreibtischs und des Fauteuils, vor dem messenden und experimentierenden Proletariat des Wissenschaftsbetriebs hat. Auch vor den Schöpfern der Theorien und Hypothesen hat er Respekt, weil er selber keine macht, aber mit ihnen verbindet ihn wenigstens die Berufskleidung.

Die moralische Abwertung des Denkens wird auch von manchen praktizierenden Wissenschaftlern ziemlich unreflektiert übernommen. Die sagen dann gerne »bloß eine Arbeitshypothese«, wenn sie einen eigenen Gedanken referieren, und das klingt so, als wollten sie sich entschuldigen: Morgen geh ich bestimmt wieder früh ins Labor, ich freu mich schon auf meine Arbeit.

Sicher ist, daß alle Wissenschaftstheorie immer erst nachher kommt, nachdem das Entscheidende in der Wissenschaft schon passiert ist. Ich habe noch nie einen produktiven Forscher gesehen, der am Wochenende an Hand von wissenschaftstheoretischen Schriften seinen Geist trainiert. Jeder hat seine eigene Alltagsethik des wissenschaftlichen Vorgehens, aber er läßt sie sich nicht gerne vorschreiben, besonders nicht in einer allgemeinen Form. Verschiedene Probleme zwingen zu verschiedenen Strategien. Es gibt angeblich, in Berkeley oder in der Schweiz, einen Wissenschaftsphilosophen, der nachweist, daß Anweisungen zum Wissenschafteln immer dann fruchtbar geworden sind, wenn sie gebrochen wurden. Seine Lehre ist eine Empfehlung, epistemologische Theorien nicht zu lesen. Auch die seine braucht man nicht zu lesen.

Von einem anderen, den ich auch nicht gelesen habe, ist oft die Rede als dem Schöpfer des Gedankens, es komme beim Theorie-Machen darauf an, daß man sich der Widerlegung, zu deutsch Falsifizierung, stelle, nicht nach Bestätigung schiele. Auch diese Scheinheiligkeit ist mir fremd. Wenn ich mir eine theoretische Vorstellung erarbeitet habe, so wünsche ich nichts anderes, als daß sie möglichst lange, vielleicht für immer, den Angriffen der Kritiker standhalte und daß sie von allen Leuten übernommen werde. Ich selbst bin ja von ihrer Richtigkeit überzeugt. Wer zwingt mich, schwache Stellen öffentlich preiszugeben? Und hätte ich eine Erklärung für alle Fakten dieser Welt, die terminale Theorie, von der wir träumen: wäre sie etwa ungültig, weil keine Fakten übrigblieben, an denen sie möglicherweise scheitern und so falsifiziert werden könnte?

Man bemerkt eine verbreitete Tendenz, den Theoretiker für seine Lust am Denken zu bestrafen oder doch zu demoralisieren. Von dieser Behandlung ausgenommen sind Theorien, die in einer mathematischen Sprache formuliert sind, aus verschiedenen Gründen. Erstens empfindet man, daß mathematische Formeln wegen ihrer Unzweideutigkeit, Klarheit und Ökonomie des Ausdrucks am ehesten geeignet sind, faktische Zusammenhänge in einer endgültigen Form darzustellen, und gegen die Hoffnung, daß dies eines Tages möglich sein wird, hat niemand etwas einzuwenden. Zweitens weiß man nur zu gut, daß die Beherrschung der mathematischen Ausdrucksweise nicht ohne einen gewissen Aufwand von Arbeit möglich ist, und Arbeit wird, wie bereits bemerkt, sowohl von denen, die sie geleistet haben, als auch von denen, die sie vermeiden möchten, mit Respekt bedacht. Dazu kommt, daß die Physik der letzten Jahrhunderte, als anerkannte Meisterin unter den Wissenschaften, die Unterwerfung der Mathematik für ihre Zwecke mustergültig praktiziert hat und in vielen Fällen die formale Identität eines mathematischen Systems mit einer Reihe von Beobachtungen nachweisen konnte. Und doch ist es unsinnig, prinzipiell einen Gedanken, der in einer mathematischen Formel gipfelt, für besser zu halten als einen anderen, der nur bis zur sprachlichen Formulierung kommt. In fast allen Wissenschaften haben wir eine besondere Art des Parasitentums kennengelernt, die davon lebt, daß die den bereits entwickelten Gedanken aufgesetzten mathematischen Neuformulierungen sich so ausgeben, als wären sie das tragende, ja sogar das weitertreibende Element. Solches Parasitentum zu erkennen und von echter mathematischer Durchdringung zu unterscheiden, ist eine der Aufgaben des Theoretikers. Ein Merkmal ist, daß der mathematische Sekundärtheoretiker, wo immer er Zugang findet, jene Methoden verwendet, die er in der Schule gelernt hat, während der ehrliche Primärtheoretiker bei gründlicher Kenntnis der Fakten stets nach der ihnen adäquaten Formulierung sucht und, wenn er keine in der Mathematik findet, entweder sie selber entwickelt oder sich mit sprachlichen Mitteln begnügt. Was die Sekundärtheoretiker auszeichnet, ist die allzu begreifliche Neigung, jene Fertigkeiten, deren Erwerbung sie am meisten Mühe gekostet hat, um jeden Preis anzuwenden. Man kann die Beschränkung ihres mathematischen Könnens mit einiger Sicherheit auf dem Niveau annehmen, das knapp über den Techniken liegt, die sie mit Vorliebe verwenden.

Daß Theorie nicht gleichbedeutend mit komplizierter Rechnerei ist, kann man daran erkennen, daß einige der eindrucksvollsten Gedankengebäude ganz ohne Mathematik oder mit einer Mathematik formuliert worden sind, die über die elementaren Operationen nicht hinausgeht. Ich denke an die Darwinsche Evolutionstheorie oder an die Grundlegung der Atomtheorie in der quantitativen Chemie. Und doch, was wir anstreben, sind endgültige und unzweideutige, d.h. mathematische Formulierungen der Komplexitäten dieser Welt. Es ist wichtig, dieses Streben anzuerkennen, auch wo es sich noch mit vorläufigen Ausdrücken begnügt.

Auch wir Traumtheoretiker und Faktenschinder haben unsere Überheblichkeit, und die richtet sich gegen Theorien, die gar keine sind, sondern bloß Moden der Empfindsamkeit. Wenn mir einer z.B. sagt, das Modell des Positivismus sei überwunden, so frage ich mich, was das für ein Modell gewesen sein kann, wenn es ohne Angabe logischer Gründe einfach durch eine Stimmung aus der Welt geschafft worden ist. Unsere Überheblichkeit gründet in der Überzeugung, daß wir bei unserem Vorgehen (wie immer es auch von den Wissenschaftstheoretikern stilisiert wurde) sowohl durch die Erfolge als auch durch die gelegentlichen Schlappen letztlich zu einer Zunahme des irreversiblen Bodensatzes von Wissen über diese Welt beitragen. Wozu das gut ist, und ob überhaupt? Der Festredner hat auf seine blumige Weise die Bestimmung des Menschen als lernendes Tier hervorgehoben. Man wird uns das Lernen nicht abgewöhnen können, sowenig wie den Wölfen das Jagen und den Affen das Klettern auf den Bäumen. Das Weiterentwickeln von Sprache und Weltanschauung ist unser biologisches Schicksal, so merkwürdig das auch klingen mag.

DAS GEHIRN – DIE GRAUE EMINENZ DES VERHALTENS

Es ist Ihnen sicher aufgefallen, daß viele Tiere an dem Körperende, das beim Gehen vorausgetragen wird, eine Verdickung aufweisen, auf der die wichtigsten Sinnesorgane, die Augen, die Nase, die Ohren, angebracht sind. Diese Verdickung, der sogenannte Kopf, dient zwar bei manchen kleineren Tieren im wesentlichen bloß als Stütze für die Sinnesorgane – bei der Fliege z.B. enthält der Kopf eine Menge Luft –, bei größeren Tieren ist sie aber ganz erfüllt von einer weißlichen schwabbeligen Substanz, dem Gehirn. Diese Substanz sieht bei verschiedenen Tieren ganz ähnlich aus, wenn sie auch verschieden geformt ist, so daß ein guter Anatom bei einem in einem Glase aufbewahrten Gehirn recht gut erkennen kann, von welcher Tierart es stammt.

Es hat sich seit über zweitausend Jahren herumgesprochen, daß diese Substanz etwas mit jenen Tätigkeiten zu tun hat, die der Mensch, wenn er in sich hineinschaut, als Denken, Wollen und Fühlen bezeichnet. Sehr viel mehr wissen wir auch heute noch nicht über die Funktion des Gehirns, aber ich werde versuchen, das wenige für Sie zu skizzieren. Es liegt mir daran, Sie zu überzeugen, daß dieses wenige immerhin von großer Wichtigkeit ist, vergleichbar etwa mit den Ansätzen der Physik in der Antike, und daß sich daraus vermutlich bald (vielleicht in 10 oder in 100 Jahren) Ergebnisse entwickeln werden, die, genauso wie die Physik heute, einige unserer liebsten Denkgewohnheiten ernsthaft in Frage stellen werden.

Die Beziehung des Gehirns zu den höheren psychischen Funktionen vermutete man aufgrund von medizinischen Erfahrungen. Man braucht keine hochentwickelte Wissenschaft, um bei einem Kampfgenossen, der einen Pfeilschuß durch den Schädel überlebt hat, Charakterveränderungen festzustellen und diese mit dem Eindringen des Geschosses in die Gehirnsubstanz in Beziehung zu setzen. Ein solcher Verletzter hat vielleicht für den Rest seines Lebens Initiative und Lebenslust eingebüßt, sitzt meistens nur herum, versteht auch gar nicht, was man zu ihm sagt, oder hat große Schwierigkeit, selbst Sätze zu formulieren. Er mag auch plötzlich, wie vom Blitz getroffen umsinken und bis zur Erschöpfung schaurige Grimassen und Verrenkungen ausführen, ganz in sich verschlossen und äußeren Einflüssen entzogen. Abergläubische Menschen haben solche Erscheinungen sicher schon in der Steinzeit auf Beeinflussung durch böse Geister zurückgeführt, und ich kenne heute noch Menschen, auch gebildete Menschen, die so denken, wenn sie zum Beispiel annehmen, daß Krampfanfälle oder Depressionen durch den Geist erzeugt werden, der in einer bestimmten Familie oder in einer bestimmten Gesellschaft herrscht. Griechische Ärzte haben aber bereits zur Zeit des klassischen Altertums die Meinung vertreten, daß das Gehirn und seine normalen oder krankhaften Veränderungen unserem Tun und Wollen Grenzen setzen und unser Schicksal bestimmen. Es gab also schon sehr früh zwei Arten von Psychologie, die eine gekennzeichnet durch eine Mißachtung des Gehirns als Träger der psychischen Funktionen, die andere, die im Gegenteil im Gehirn den Ort sieht, wo seelische Vorgänge in der physikalischen Welt verankert sind. Erfahrungsgemäß kann man bei den Psychologen der einen Sorte wenig Verständnis erreichen für die Meinung der anderen. Das soll uns nicht bekümmern. Wir wollen versuchen, uns an den Gedanken zu gewöhnen, daß Betrachtungen über das Gehirn letztlich dasselbe bedeuten wie Betrachtungen über die Psyche, nur von der anderen Seite gesehen.

Die erste große Entdeckung, die über diese mehr philosophischen Feststellungen hinausgeht, ist wenig mehr als hundert Jahre alt. Es stellte sich heraus, daß die Störungen der Sprechfähigkeit, die nach Gehirnverletzungen auftreten, viel häufiger waren, wenn die linke Gehirnhälfte betroffen war. Noch viel interessanter: je nachdem, ob vordere oder hintere Anteile der linken Gehirnhälfte beschädigt waren, waren die Störungen verschiedener Art. In dem einen Fall, bei Verletzung in der Gegend der linken dritten Frontalwindung der Gehirnrinde, also vorne, fiel auf, daß die Patienten zwar einigermaßen verstehen konnten, was man zu ihnen sagte, auch auf Kommando alle möglichen komplexen Aktionen ausführen konnten, aber selbst unfähig waren zu sprechen. Das verzweifelte Stammeln eines solchen Patienten läßt manchmal durchblicken, daß er sehr wohl einen begrifflichen Inhalt vor Augen hat, wenn er sich zum Sprechen anschickt, daß aber bei der Übersetzung dieses Entwurfs in Worte und Sätze etwas schiefgeht. In schweren Fällen kommt kaum mehr heraus als ein mühsames, unverständliches Lallen mit vielen Wiederholungen, in leichteren Fällen werden Worte einigermaßen verständlich ausgedrückt, sie fügen sich aber nicht zu Sätzen, sondern werden einfach aneinandergereiht, im Telegrammstil, pflegt man zu sagen. Wenn man will, kann man etwas überspitzt sagen: in solchen Fällen ist die Grammatik kaputt, die Strukturierung der Sprache in grammatikalisch korrekten Sätzen, während das Lexikon, die Beziehung der einzelnen Wörter zu den entsprechenden Bedeutungen, erhalten ist.

Anders bei Verletzungen in der Gegend der hinteren oberen Schläfenwindung der Gehirnrinde. Die Patienten, bei denen das passiert ist, können fließend reden, allzu fließend oft, denn die Sätze, die sie produzieren, bestehen aus vielen ganz falschen oder falsch angewandten Wörtern oder auch aus Wörtern von so allgemeiner Bedeutung, daß man nicht weiß, wovon die Rede ist. Die Regeln der Grammatik und der Syntax werden aber beim Zusammenfügen dieser leeren oder falschen Wörter ganz gewandt befolgt: man könnte sagen, hier ist das Lexikon verlorengegangen, die Grammatik aber noch intakt.

Es sollte nicht verschwiegen werden, daß manchen Hirnforschern diese Unterscheidung einer sogenannten motorischen von einer sensorischen Aphasie, d.h. Sprachstörung, zu schematisch erscheint und daß bei den allermeisten Patienten dieser Art die Störung der Grammatik und die des Lexikons kombiniert auftreten, wenn auch bald mehr diese, bald jene. Niemand würde aber heute die Tatsache in Frage stellen, die wir daraus gelernt haben, nämlich daß verschiedene Teile des Gehirns mit verschiedenen Aufgaben betraut sind. Wir müssen uns klarmachen, wie wichtig das ist. Es scheint also nicht mein ganzes Gehirn im Spiele zu sein, wenn ich bei eine*m* komplizierte*n* Satz diese*s* deutschsprachige*n* Texte*s* korrekt*e* Endunge*n* verwend*e*, sondern nur ein kleiner Teil, wenige Zentimeter groß. Man ist versucht weiter zu denken, ob vielleicht innerhalb dieses Gebietes die Regeln der Konjugation der Verben und die der Deklination der Substantive separat in kleineren Bereichen angelegt sind und vielleicht die unregelmäßigen Verben einzeln in winzigen Unterabteilungen. Man kann auch fragen, ob die Wörter der englischen und der deutschen Sprache bei einem zweisprachigen Menschen in verschiedenen Bereichen gespeichert werden, so daß möglicherweise nach einem Schlaganfall, bei dem kleine Teile des Gehirns zerstört wurden, die eine Sprache ganz verloren ist, während die andere dem Patienten noch zur Verfügung steht. Solche Beobachtungen sind tatsächlich gemacht worden. Die ganze Hirnforschung zwischen der Mitte des vorigen und der Mitte unseres Jahrhunderts hat sich fast ausschließlich mit diesem Problem der Verteilung verschiedener Aufgaben auf verschiedene Bereiche des Gehirns beschäftigt. Man nennt das Lokalisationslehre. Eine Menge von Beobachtungen wurden da gemacht, die für die Hirnforscher so interessant sind wie für die Psychologen, denn wenn es sich bestätigt, daß solche Dinge wie »Initiative«, »Aggressivität«, »Lustempfinden«, »Raumsinn«, »Musikverständnis« tatsächlich mit verschiedenen Stücken Gehirn zusammenhängen, so hat man so etwas wie eine natürliche Anatomie der Psyche, eine Gliederung der geistigen Fähigkeiten in einzelne Bestandteile. Dieser Gedanke bestimmte die Atmosphäre der Gehirnwissenschaft zur Zeit, als ich ein Student war. Die Forschung wurde damals zum größten Teil auf den Nervenkliniken betrieben. Unten in den Krankensälen wurden immer feinere Unterschiede gemacht zwischen den Störungen, den sogenannten Ausfällen, die man bei Patienten mit verschieden lokalisierten Gehirnläsionen beobachten konnte. Oben, im anatomischen Labor, wurden immer feinere, immer weiter ins Detail gehende Karten des Gehirns angefertigt, auf denen jede Windung, jedes kleine Faserbündel mit einem besonderen Namen eingetragen war. Wenn dann die Zeit gekommen war, lag das Gehirn des Patienten auf dem Seziertisch im Labor. Aus dem Krankenblatt wurde die Schilderung seiner Symptome vorgelesen. Auf den mit einem langen Messer hergestellten Querschnitten durch das Gehirn wurde die genaue Ausdehnung des zerstörten Gebietes festgestellt. So konnte man die Hirnkarten mit immer neuen Hinweisen versehen, für welche Funktionen die einzelnen Windungen und Faserbündel verantwortlich waren.

Mich hat das fasziniert. Ich bekam als Student den Schlüssel zu einem solchen Laboratorium, durfte mithelfen bei den Studien zur Lokalisationslehre und im übrigen mit den Mikroskopen und den Gehirnen anfangen, was ich wollte. Anfängerglück: Bei meinem ersten Versuch, die Nervenfasern im Gehirn sichtbar zu machen –

die Technik hatte ich nicht selbst erfunden, die stand schon lange in den Rezeptbüchern –, zeigte sich mir im Mikroskop ein Bild, das mich für den Rest meines Lebens beeindruckt hat. Ein Gerüst aus feinen Fäden, so zahlreich und so fein, daß auch die stärkste Vergrößerung des Mikroskops kaum ausreichte, um sie alle genau zu sehen. Die Fäden verliefen zum Teil in Bündeln und in Schichten nach bestimmten Richtungen geordnet, zum Teil anscheinend regellos kreuz und quer durch das Gewebe. Eingebettet in diesen Faserfilz konnte man kugelige Gebilde ausmachen, die Zellkerne der Nervenzellen, und an manchen Stellen war auch ganz gut zu sehen, wie die Fasern mit den Nervenzellen in Verbindung standen, aus ihnen zu entspringen schienen. Wer da nicht an Elektronik denkt, der hat keine Phantasie. Allerdings: die Elektronik war damals erst wenige Jahre alt, eigentlich noch zu einem großen Teil in den Händen von Bastlern, von Ingenieuren, die praktische Probleme zu lösen hatten und allen Phantasieflügen abhold waren. Vor allem auch: meine damaligen Universitätslehrer in der Anatomie und in der Neurologie hatten wenig Verständnis, als ich ihnen mein schönes Drahtgerüst im Mikroskop zeigte und dabei behauptete, darin müsse die Lösung des Rätsels zu finden sein, wie die psychischen Funktionen aus unserem Kopf entspringen. Die Professoren sagten: Das wirst du nie verstehen, ganz einfach, weil die Komplexität, mit der sich das alles abspielt, prinzipiell unsere analytischen Fähigkeiten übersteigt. Kann sein, sagte ich und wandte mich an die Physiker, mit denen auch damals schon, wenigstens in den Kneipen, die heute so geschätzten interdisziplinären Kontakte bestanden.

Nun ging es mir bei den Physikern zunächst nicht besser. Die erklärten mir, daß man bei ihnen nicht einfach Formeln bestellen kann für alles Komplizierte, nicht einfach Patentlösungen für alles, was der Mediziner nicht versteht. Im Gegenteil, sagten sie, die Physik hat sich immer mit ganz einfachen Problemen beschäftigt, hat mathematische Beschreibungen entwickelt für zwei, höchstens drei Dinge, die umeinander kreisen und aufeinander wirken. Wo Tausende und Abertausende von Wechselwirkungen im Spiele sind, dort haben sich die Physiker immer zurückgezogen und haben das Feld den Psychologen, den Soziologen und anderen Leuten überlassen, die von vornherein auf präzise Sprache verzichten.

Die Physiker haben mir aber doch sehr geholfen. Von ihnen erfuhr ich nämlich, daß eben in dem Jahr 1948, in dem ich meinen entscheidenden Blick durchs Mikroskop getan hatte, in Amerika ein Buch erschienen war, *Cybernetics* (zu deutsch *Kybernetik*) von Norbert Wiener. Der Autor, ein namhafter Mathematiker, schilderte darin die philosophische Begeisterung einer Gruppe von Wissenschaftlern, für die mit den ersten großen elektronischen Rechenanlagen ein neues Zeitalter der Menschheit angebrochen war. Was die Stimmung damals ausmachte, waren drei Errungenschaften, die mit der Entwicklung der Elektronik zusammenhingen: erstens die logische Theorie der Automaten, zweitens die Informationstheorie und drittens die Theorie der Regelkreise. Ganz besonders aufregend in dem Buch von Norbert Wiener war, wie diese drei Stücke moderner Ingenieurwissenschaft zu einer Theorie der Lebewesen gemacht wurden und insbesondere zu einer Sprache, in der man über Gehirne reden konnte.

Ich konnte also zurückgehen zu meinen medizinischen Lehrern, die mir abgeraten hatten, über Gehirnfunktionen nachzudenken, weil sie ihrer Meinung nach wegen allzu großer Komplexität dem menschlichen Verständnis entzogen waren. Ich konnte ihnen von den großen komplexen Rechenmaschinen erzählen, mit dem Hinweis, daß diese ja auch das Verständnis der Gehirnanatomen überstiegen; und doch waren diese Maschinen von Leuten entworfen, die sie voll und ganz durchdacht hatten.

Diese neue Frechheit, dieser von den Technikern übernommene Optimismus war der Anfang einer neuen Hirnforschung. Damit es Ihnen bewußt wird, was daran neu war, will ich Ihnen ein paar Zitate von Ludwig Boltzmann, dem berühmten Physiker, bringen, der sich in einer philosophischen Studie aus dem Jahre 1897 über die Zusammenhänge zwischen dem Gehirn und dem Geiste Gedanken gemacht hat.

»Das Gehirn betrachten wir als den Apparat, das Organ zur Herstellung der Weltbilder, welches sich wegen der großen Nützlichkeit dieser Weltbilder für die Erhaltung der Art entsprechend der Darwinschen Theorie beim Menschen zur besonderen Vollkommenheit herausbildete... Mittels der Bilder, durch welche wir uns die Materie dargestellt haben, suchen wir uns jetzt die materiellen Vorgänge im Gehirne darzustellen und dadurch zugleich zu einer besseren Anschauung der psychischen zu gelangen, sowie zu einer

Darstellung des Mechanismus, welcher sich da im Menschenkopfe entwickelt hat und die Darstellung so komplizierter und zutreffender Bilder ermöglicht.«

Ganz ähnlich denken wir heute auch. Es ist aber doch ein gravierender Unterschied zwischen damals und heute, wenn Boltzmann bei der Erwähnung eines Mechanismus im Menschenkopf und später, wo er von einer menschenähnlichen Maschine spricht, ein ungutes Gefühl kriegt und feststellt:

»Die kompliziertesten Systeme materieller Körper, deren Wirkungsweise wir einigermaßen durchschauen, sind etwa eine Uhr oder eine Dynamomaschine. Wir glauben daher, daß wir, wenn unsere seelischen Prozesse durch die Bilder materieller Vorgänge im Gehirn erschöpfend darstellbar wären, ebenso tot und teilnahmslos wie diese Maschinen sein müßten. Dies ist offenbar der Grund, warum diese Ansicht manchem öde und trostlos erscheint.«

Es ist schier unglaublich, daß Boltzmann bei dem Wort Mechanismus im Jahre 1897 nichts Komplexeres im Sinne hatte als ein Uhrwerk oder eine Dynamomaschine. Wenn wir heute Maschine sagen, denken wir, manchmal mit Widerwillen, manchmal mit Stolz, an eine der großen Rechenmaschinen, wie sie zu Tausenden in den Banken, Kaufhäusern, Universitätsinstituten herumstehen. Eine solche Rechenmaschine besteht aus etwa einer Million bis 10 Millionen Einzelteilen. Eine Uhr, mag sie noch so kompliziert sein, hat kaum mehr als hundert Teile. Und das Gehirn einer Maus? Gehirne bestehen aus Zellen, wie alle anderen Organe des Körpers. Im Gehirn der Maus sind etwa 10 Millionen Zellen, gerade so viel wie die Teile einer großen Rechenmaschine. Bei einer Fliege sind es etwa hundertmal weniger als bei der Maus, beim Menschen allerdings tausendmal mehr, etwa zehn Milliarden. Immerhin, man kann heute für einen erschwinglichen Preis – ein Privatmann könnte sich den schon leisten – eine Maschine kaufen, von der man sich vorstellt, daß sie, bei entsprechend schlauer Programmierung, ähnliches leisten könnte wie das Gehirn einer Maus. Und die Maus ist, wenn man ihr Tun mit Wohlwollen betrachtet, doch vom Menschen nicht so sehr verschieden. Auch ihr Gehirn ist dem des Menschen erstaunlich ähnlich, nur in Miniaturausgabe. Es gelingt mir ganz leicht, einem Fachmann für das Menschengehirn mikroskopische Bilder vom Mäusegehirn zu unterschieben, ohne daß er es merkt, wenn er den Vergrößerungsmaßstab nicht kennt.

Dieser Größenvergleich zwischen der Rechenmaschine und dem Gehirn ist aufregend. Es böte sich die Möglichkeit, die Einzelteile der Rechenmaschine genauso miteinander zu verschalten, wie die Zellen im Gehirn der Maus verschaltet sind. Man könnte dann ein Gummimäuslein basteln, dessen Schnauze, Schnurrhaare, Gliedmaßen und Schwanz von winzigen Motoren bewegt werden. Man könnte es mit elektronischen Augen und Ohren versehen und das Ganze an den Computer anschließen. Vielleicht wäre das Verhalten dieses Mäuseroboters von dem einer echten Maus kaum zu unterscheiden. Natürlich kann man weiterdenken und sich einen tausendmal größeren Computer vorstellen, der einen menschenähnlichen Roboter steuert, mit echtem Sprachverständnis, mit Phantasie und mit Emotionen. Aber dieses Gedankenspiel wird Sie, mit Recht, irritieren, und Sie werden fragen: Ist denn dieser Vergleich zwischen dem Gehirn und dem elektronischen Rechner überhaupt gerechtfertigt, das heißt, funktioniert der Rechner wirklich nach denselben Prinzipien wie das Gehirn? Und weiter werden Sie sagen: Angenommen, wir hätten uns davon überzeugt, daß man aus Gehirnzellen Computer machen kann, was nützt uns das, wenn wir die Geheimnisse nicht kennen, die Mutter Natur in den Jahrmillionen unserer Entwicklung in die Gehirne eingebaut hat, indem sie die Verschaltung der Gehirnzellen bei der Maus, beim Menschen, bei der Fledermaus und bei der Schlange ganz verschieden angelegt hat, jeweils auf die besondere Lebensweise und auf die besondere Umwelt dieser Tiere bezogen?

Im weiteren will ich versuchen, diese Fragen zu beantworten. Zunächst: Was haben Gehirne mit den heutigen Rechenmaschinen gemein?

Bei oberflächlicher Betrachtung erstaunlich viel. Computer bestehen in ihrem Inneren aus einer Unmenge von Drähten, von faserigen Verbindungen, die ein für allemal festlegen, welche Teilbereiche miteinander kommunizieren können, welche Wege die Signale durchlaufen können und welche nicht. Nicht alles ist mit allem verbunden: von einer bestimmten Stelle aus werden die Mitteilungen an ganz bestimmte andere Stellen adressiert. Ganz ähnlich geht es im Gehirn zu. Auch hier werden Signale über fest »verdrahtete« Faserbündel ganz bestimmten Verwendungen zugeführt. Ein Lichtschein, der aus einer bestimmten Richtung das Auge trifft, löst Signale aus, die an das Gehirn weitergeleitet werden, und zwar über verschiedene Fasern zu ganz verschiedenen Apparaten. In dem einen werden die Bewegungen der Augenmuskeln berechnet, die eine Blickwendung zu dem hellen Ding hin bewerkstelligen. In einem anderen wird die optimale Weite der Pupille berechnet. In einem dritten, größeren Kasten wird das Bild in einem Auge mit dem im anderen verglichen zum Zwecke des Stereosehens. In einem noch komplizierteren Apparat wird endlich festgestellt, was da eigentlich gesehen worden ist, und das Ergebnis wird an andere Bereiche des Gehirns weitergegeben, um zu entscheiden, was jetzt zu tun sei.

Die Ähnlichkeit der Fasersysteme im Inneren der Gehirne und der Computer hat einen tieferen Grund. Beiden gemeinsam ist nämlich das Prinzip der hierarchischen Organisation: Teilaufgaben werden an Unterabteilungen delegiert, deren Zusammenwirken von einem übergeordneten Programm gesteuert wird. Aber das ist eigentlich zu allgemein, um interessant zu sein, gibt es doch kaum ein biologisches oder technisches System, bei dem man nicht irgendwie ein hierarchisches Prinzip nachweisen könnte. Es gibt eine andere, viel verführerischere Ähnlichkeit zwischen den Gehirnen und einer bestimmten Sorte von Computern, die mit der Art der Signale zusammenhängt, die in beiden verarbeitet werden.

Ich meine das Rechnen mit einer beschränkten Menge von Symbolen, das der sogenannten digitalen Rechenmaschine den Namen gibt. Zum Vergleich zuerst Beispiele von Rechenmaschinen, die nicht »digital« sind: ein Rechenschieber; eine Heizanlage, die aus der Temperatur im Inneren des Hauses und aus der Außentemperatur die optimale Heizung bestimmt; eine Sanduhr. Hier läuft das Geschehen, das die Rechnung darstellt, ganz glatt und kontinuierlich ab. Im Gegensatz dazu geht es bei den digitalen Rechenmaschinen immer um ein Nebeneinander und Hintereinanderstellen von Symbolen, zum Beispiel Symbolen für Zahlen. Die Urform ist das Rechnen mit den zehn Fingern der menschlichen Hände: digitus heißt der Finger, daher »digital«. Das Abzählen der Finger mit der Nasenspitze ist digitales Rechnen. Das Hinschreiben von

Zahlen und arithmetischen Zeichen ins Mathe-Heft ist digitales Rechnen: ein Spiel mit Symbolen. Auch Buchstabenalgebra ist digitales Rechnen.

Nun weiß jedes Schulkind, daß die allermeisten modernen Rechenanlagen digital sind und daß in ihnen die Zahlen nicht in dem üblichen, von den Fingern abgeleiteten Zehnersystem dargestellt sind, sondern im Zweiersystem, in dem nur zwei Zahlensymbole verwendet werden, 0 und 1. Die Geräte, die so funktionieren, sind viel einfacher zu bauen: man braucht keine Rädchen mit 10 Zähnen, um Zahlen darzustellen, sondern nur Drähte, die entweder Strom führen oder nicht, 1, wenn Strom da ist, 0, wenn keiner da ist. Das ist viel billiger und auch verläßlicher als Zahnräder.

Was hat das mit den Gehirnen zu tun? werden Sie fragen. Folgendes: Es ist schon lange bekannt, daß die Nervenzellen lebender Gehirne, die sogenannten Neuronen, sich in zwei ganz verschiedenen Zuständen befinden können, im Ruhezustand oder im Zustand der Aktivität. Die Aktivität dauert jeweils nur eine kurze Zeit, etwa eine Tausendstelsekunde. Zwischen aufeinanderfolgenden aktiven Phasen eines Neurons können Sekunden, Minuten oder gar Stunden vergehen, oder das Neuron kann gelegentlich auch einmal in rascher Folge einige hundertmal pro Sekunde aktiv werden. Es besteht nicht der geringste Zweifel darüber, daß dieses Aktivwerden eines Neurons das eigentliche Signal ist, das den Informationsfluß im Inneren des Gehirns vermittelt. Wenn nämlich so ein Neuron aktiv wird, dann läuft der Zustand der Aktivität entlang einer Faser, die beim Zellkörper des Neurons entspringt, in alle Verzweigungen dieser Faser bis zu gewissen Kontaktstellen, an denen die Faser an die Oberfläche anderer Neuronen angeklebt ist. Man weiß, daß an den Klebstellen, den sogenannten Synapsen, Erregung von einem Neuron auf das andere übertragen werden kann. Ob das nächste Neuron selbst auch wieder aktiv wird, hängt davon ab, wie viele von den Neuronen, mit denen es über die Klebstellen verbunden ist, gerade aktiv waren. In vielen Fällen kleben einige Tausende anderer Neuronen an den Synapsen eines Neurons, die Bedingung für das Aktivwerden eines solchen Neurons kann also schon recht kompliziert sein. Übrigens gibt es auch Klebstellen besonderer Art, sogenannte hemmende Synapsen, die das Gegenteil von den anderen bewirken, nämlich, daß das nachgeschaltete Neuron nicht aktiviert, sondern in seiner Aktivität gehemmt wird. Das Ganze sieht den Digitalrechnern, die im Zweiersystem arbeiten, frappant ähnlich. Die Neuronen haben, wie die Elemente einer binären Rechenmaschine, zwei Funktionszustände. Wenn man will, kann man auch von ihnen sagen, daß sie die Zahlen 1 und 0 darstellen. Wenn ein Neuron aktiv ist, so bedeutet das 1, während der Ruhezustand 0 bedeutet. Dann kann man sich eine lange Reihe von Neuronen vorstellen, die zusammen beliebig große Zahlen darstellen, je nachdem, welche gerade aktiv sind. Es ist auch keine Kunst, mit ein bißchen Phantasie sich vorzustellen, wie eine solche Neuronenreihe oder zwei solche über ihre Kontaktstellen auf eine dritte einwirken, so daß dort das Ergebnis einer mathematischen Operation erscheint, zum Beispiel das Produkt der beiden Zahlen.

In der Begeisterung für diese Deutung der Gehirne wurde der Beweis geführt, daß man in einem Netz von miteinander verschalteten Neuronen alle logischen Operationen verwirklichen könnte, die der Funktion der Rechenmaschine zugrunde liegen, und damit auch im Prinzip dasselbe leisten. Nachdem schon bewiesen war, daß man mit einer Rechenmaschine, wenn sie nur genügend groß ist, jede Aufgabe lösen kann, die exakt genug formuliert ist, hat man verständlicherweise »hurra« geschrien; jetzt weiß man also endlich, wieso wir so gescheit sind: weil wir wie Digitalrechner funktionieren.

Dieser Gedanke ist in den frühen Jahren der kybernetischen Epoche weit verbreitet gewesen, wenn auch nicht bei Leuten, die etwas vom Gehirn verstehen. Der Vergleich zwischen der digitalen Rechenmaschine und dem Gehirn hinkt sehr. Jetzt möchte ich aber nicht, daß Sie sich zu früh freuen, wenn Sie etwa meinen, wir hätten im Laufe der Jahre eingesehen, daß das ganze physikalische Gerede über psychologische Phänomene zu nichts führt. Ganz im Gegenteil, immer mehr Psychologen bekennen sich heutzutage zur Hirnforschung, und immer öfter werden Rechenanlagen als Modelle für Gehirnfunktionen verwendet.

Wenn ich sage, daß der Vergleich zwischen dem Computer und dem Gehirn hinkt, so habe ich folgende Unterschiede im Auge:

Information ist im Computer eher ein zeitliches Muster, im Gehirn eher ein räumliches. Das typische Signal, das in den Rechner eingeht und das die Maschine kreuz und quer durchläuft, ist eine Reihe von elektrischen Stromstößen mit bestimmten Abständen zwischen den einzelnen Stößen. Das Ganze spielt sich jeweils auf einem Draht oder auf ganz wenigen Drähten ab. Im Gehirn dagegen ist das typische Signal die Verteilung von Aktivität auf riesige Scharen von Nervenzellen. Die Weiterleitung geschieht nicht über einzelne Fasern, sondern über breite Faserbündel, eine Million Fasern zum Beispiel zwischen dem Auge und dem Gehirn. Man nennt das Parallelverrechnung. Dieses Prinzip ist auf den bisherigen Computern noch kaum verwertet worden, man erwartet sich aber viel davon bei den Computern der Zukunft.

Ein anderer Unterschied: Computer haben einen genauen Zeitplan, Gehirne nicht. Alles, was im Computer vor sich geht, geschieht streng im Takt, Schritt für Schritt ändert sich beim Rechnen der innere Zustand des Computers, kein Bestandteil darf nachhinken, damit der genaue Plan, nach dem gerechnet wird, nicht durcheinander kommt. Im Gehirn ist der Zeitplan viel lascher. Sicher muß eine Katze genau rechnen, wenn sie eine flinke Maus erwischen will, aber man wundert sich eher, wie das wohl im Hirn zustande kommt, wo jedes einzelne Neuron doch ein recht unzuverlässiges Bauelement ist, wie eben Zellen im Organismus sind: jede von der anderen ein bißchen verschieden, mit gelegentlichem Versagen, von allen möglichen Umständen abhängig. Die Präzision scheint beim Zusammenwirken der Neuronen sozusagen auf demokratische Art zu entstehen: der gesamte Verband funktioniert besser als die einzelnen Elemente.

Ein weiterer Unterschied: Beim Computer sind Logik und Gedächtnis getrennt, im Gehirn vermischt. Beim Computer gibt es immer einen besonderen Kasten, den sogenannten Speicher, wo Informationen abgelagert werden, die später irgendwann wieder gebraucht werden. Beim Gehirn hat man den Eindruck, daß der Speicher überall sitzt, überall kann die Erfahrung eingreifen und etwas an den Verbindungen der Neuronen ändern, so daß aufgrund der Erfahrung später das Gehirn anders funktioniert. Das ist sicher ein besonders schlauer Trick, sicher viel effizienter als das Rechnen und anderswo Abspeichern und wieder Abrufen und zurück in den Rechner, wie es im Computer geschieht.

Genug des Vergleiches zwischen elektronischen Datenverarbeitungsanlagen und lebendigen Gehirnen, den Sie, wie so mancher konservative Hirnforscher der letzten Jahrzehnte, vielleicht auch als wissenschaftlichen Kitsch empfunden haben. Ich will das Bisherige zusammenfassen. Die Elektronik hat uns Mut gemacht, die Funktion des Gehirns wirklich zu verstehen. Verstehen heißt in diesem Fall nachbauen, und da bieten sich die großen elektronischen Rechenanlagen als Modelle an. Die bisherigen Computer sind allerdings zu starr und zu sehr auf das eigentliche Rechnen getrimmt, um den Vergleich mit den Gehirnen auszuhalten. Gehirne sind viel flexibler, unberechenbarer, können schlecht rechnen, aber um so besser in einer variablen, nur ungenau definierten Umwelt überleben.

Weiß man, wie die Gehirne das machen? Ich glaube nicht, daß man darauf eine allgemeingültige Antwort geben kann. Es könnte sehr wohl sein, daß jedes Gehirn eine Sammlung von Einzellösungen darstellt, mit denen ein Tier die besonderen Aufgaben bewältigt, die ihm gestellt sind. In einem Fall mag das ein ganz trivialer Trick sein, der jedem Bastler auch eingefallen wäre, in einem anderen Fall vielleicht die geniale Lösung eines kniffligen Problems, der gegenüber jeder Ingenieur vor Neid erblassen würde. Es bleibt uns nichts übrig, als in Einzelfällen den Strategien der Gehirne auf die Spur zu kommen. So versuchen wir halt, Probleme zu isolieren, indem wir uns nur mit einem kleinen abgrenzbaren Teil eines Gehirns beschäftigen, oder nur mit einem winzigen Gehirn, oder nur mit Teilaspekten der Funktion, oder gar nur mit der Funktion der einfachsten Bestandteile. Unter den vielen Untersuchungen, die im Gange sind, wähle ich drei aus, die uralte philosophische Probleme anklingen lassen: das Problem des Formenerkennens, das Problem der Reduktion des Verhaltens auf einfache Mechanismen, das Problem des Lernens.

Erstes Beispiel: Das Froschauge und was sich daran alles anschließt. Am Frosch, einem kaltblütigen, relativ anspruchslosen Tier wird gerne experimentiert. Auch sein Auge mit dem daran angeschlossenen prächtigen Sehhirn ist viel untersucht worden. Man hat den Eindruck, daß der Frosch sein Leben nach relativ starren Prinzipien führt, recht wenig lernt und auf fast mechanische Weise auf gewisse Reize anspricht: sieht er eine Fliege, so schnappt er danach, nähert sich ihm ein größeres Tier, so springt er ins Wasser und verschwindet. Ein ideales Tier für physikalisch gesinnte Hirnforscher. Also hat man sein Auge auch sauber nach den Prinzipien der physikalischen Experimentierkunst untersucht. Man bringt die Spitze einer feinen Elektrode ganz nahe an eine der Nervenzellen im Auge, das heißt in der Netzhaut. Diese elektrische Sonde nimmt etwas von dem Strom auf, der durch die Nervenzelle fließt, wenn sie aktiv wird. Dieses Signal wird dann verstärkt und auf dem Bildschirm sichtbar oder im Lautsprecher hörbar gemacht. Jetzt wird gereizt: man bringt Licht auf die Netzhaut, das heißt, man läßt den Frosch auf einen weißen Schirm blicken, auf den man alles mögliche projiziert, und beobachtet dabei, welche Gestalten auf dem Schirm die eine Nervenzelle im Froschauge aktiv werden lassen. Als braver Physiker verwendet man ordentliche, wohldefinierte Reize: gleichmäßig helles Licht auf dem ganzen Bildschirm oder feine Lichtpunkte oder Kreise verschiedener Größe. Das Experiment verläuft recht eintönig: sicher, ein Lichtfleck an einer bestimmten Stelle des Schirms bringt jene Nervenzelle zum Feuern, ein zu großer Lichtfleck interessiert sie schon weniger. Aber die eigentliche Überraschung kommt erst, wenn man einmal, vielleicht aus Unachtsamkeit, vielleicht aus Übermut, ganz andere, unregelmäßige Reize verwendet: das Bild einer Fliege zum Beispiel, die über den Bildschirm läuft. Jetzt wird die Nervenzelle maximal aktiv, und zwar jedesmal, wenn die Fliege eine bestimmte Stelle des Bildschirms in einer bestimmten Richtung durchwandert. Natürlich, sagt man, der Frosch interessiert sich ja nicht für Physik, sondern für Fliegen, und so ist es recht, daß im Auge schon die Spezialisten dafür sitzen, Fliegendetektoren, die dem Froschhirn Veränderungen in der Fliegenwelt signalisieren. Man hat noch andere Spezialisten im Froschauge gefunden, unter anderem solche, die man als Storchdetektoren verstehen kann. Sie sprechen auf größere, bewegte Schatten an und sind wohl verantwortlich für das Plantschen der Frösche ins Wasser, wenn man am Teich vorbeigeht. Das Interessante ist, daß dieses Vorwissen über Fliegen und Störche nicht etwa erlernt ist, sondern von vornherein ins Auge des Frosches eingebaut: die Netzhaut ist aufgebaut aus kleinen Schablonen, platonischen Ideen in der Gestalt von besonderen Neuronen, die nur darauf warten, mit der ihnen entsprechenden Wirklichkeit konfrontiert zu werden. Und das Gehirn ist auch überall durchsetzt mit solchen

Schablonen, verzweigten Neuronen der verschiedensten Größe und Form, Formdetektoren, die sich überschneiden und durchdringen wie Geister, manchmal die kleineren ganz in den größeren enthalten, diese ganze innere Geisterwelt zum Teil von Geburt an schon angelegt, zum Teil sicher erst durch Erfahrung geprägt. Es scheint schwierig zu sein, ohne eingebautes Vorwissen mit der Umwelt fertig zu werden, wie auch die Erbauer von formerkennenden Automaten mittlerweile gelernt haben.

Zweites Beispiel: Die Augen der Fliegen und die Flugnavigation. Wenn vom Frosch als von einem Tier mit starrem Verhalten die Rede war, so wird er noch weit übertroffen an Starrheit von vielen Insekten, deren Reaktionen oft mit maschinenartiger Regelmäßigkeit ablaufen. Die automatische (wenn man so sagen darf) Steuerung frei fliegender Fliegen ist mit Hilfe schlauer Tricks recht genau untersucht worden. Ein experimenteller Trick besteht darin, daß man die Fliege gar nicht freiläßt, sondern an einem Meßgerät festhält, indem ihre Steuermanöver registriert werden, während man ihr nur in einer Art Flugsimulator die Illusion verschafft, durch ein wechselndes Panorama zu fliegen. Was dabei herauskommt, ist ein Mechanismus von verblüffender Einfachheit. Die von der fliegenden Fliege in verschiedenen Teilen ihres Gesichtsfelds gesehenen Bewegungen des Panoramas werden in jedem Punkt registriert und gegeneinander verrechnet. Das Gehirn der Fliege entnimmt daraus die Vorwärtsgeschwindigkeit, die Abweichungen vom geraden Kurs, das Absinken im Flug, die Anwesenheit von herausragenden Gegenständen in der Umgebung der Fliege, auf denen sie landen könnte. Das Ergebnis der verschiedenen Verrechnungen im Fliegengehirn wird auf ganz einfache Weise auf die Muskeln übertragen, die die Flügel bewegen, und was herauskommt, ist ein anscheinend vernünftiges Flugverhalten. Wollte man das nachbauen, etwa um ein Modellflugzeug zu steuern, so bräuchte man kaum mehr als ein paar hundert Mark für Material und ein paar Tage Arbeit eines geschickten Elektronikbastlers. Hier ist das Wichtigste, das man lernen kann, nicht eine Überraschung für den Computeringenieur, nicht etwas, das er patentieren lassen könnte, sondern im Gegenteil die Erfahrung, daß manches im Tiergehirn nach recht einfachen Prinzipien vor sich geht, so einfach, daß auch heutige Techniker es schon voll und ganz verstehen können.

Drittes Beispiel: Die Großhirnrinde und die lernenden Synapsen. Das bringt uns zurück zu den Anfängen der Hirnforschung, die wir in der Steinzeit vermutet hatten, ganz am Anfang dieses Vortrags. Wir haben dort festgestellt, daß etwas Erlerntes, nämlich Sprache, auch in bestimmten Teilen des Gehirns niedergelegt ist. Man vermutet, daß die Großhirnrinde den größten Gedächtnisspeicher des Menschengehirns darstellt und daß deswegen bei ihrer Verletzung solche Funktionen, die größtenteils erlernt sind, wie die Sprachfunktionen, am empfindlichsten gestört sind. Ich habe schon gesagt, daß Lernen oder Abspeichern von Information nicht etwa in einem besonderen Kasten stattfindet, wie in manchen Computern, sondern eher durch diffuse, über das ganze Hirn verstreute Änderungen des Verschaltungsschemas bewerkstelligt wird. Psychologen und vor ihnen schon Philosophen wie Locke und Hume haben sich Gedanken gemacht über die Prinzipien, nach denen gelernt wird. Das stärkste Prinzip, das vorgeschlagen wurde, ist das Lernen von Assoziationen. Ereignisse, die oft zusammen oder in unmittelbarer Folge erscheinen, werden im Inneren des Gehirns so verknüpft, daß das Auftreten des einen Ereignisses das Bild des anderen wachruft. Wenn das so ist, so wird durch die Erfahrung im Inneren des Gehirns der Zusammenhang der Dinge der Außenwelt dargestellt. Letztlich hat man im Gehirn ein kleines Theater, in dem die große Welt gespielt wird, mit den Neuronen als Hauptdarstellern und ihren Verbindungen als den dramatischen Verquickungen, in denen die Welt sich widerspiegelt. Man hat nach Verbindungen zwischen Neuronen gesucht, die sich aufgrund von Erfahrungen ändern, und hat sie gefunden. Das Gesetz erscheint tatsächlich ähnlich dem zu sein, das sich die Philosophen und Psychologen ausgedacht haben: Neuronen, die oft zusammen aktiv waren, werden stärker miteinander verknüpft. Man hat das vor kurzem direkt mit Hilfe von feinen Elektroden an einzelnen Neuronen der Gehirnrinde beobachtet. Ein solches Neuron scheint unter den vielen Fasern, in die es eingebettet ist, die zu erkennen, die oft gleichzeitig aktiv sind, und scheint sich mit diesen besonders stark zu verbinden. Den ganzen von Locke und Hume postulierten Mechanismus der Ideenassoziation kann man auf diese Weise erklären.

Ich wiederhole zum Schluß: Es ist nicht viel, aber es ist wichtig, was wir über das Gehirn bereits wissen. Die weitere Entwicklung verspricht interessant zu werden. Ich vermute, daß dabei neue, raffinierte Fragestellungen eine noch größere Rolle spielen werden als verfeinerte Mikroskope und elektronische Apparate. Wir sind vermutlich zur Zeit über die Details besser informiert als über die Zusammenhänge.

GEHIRNWISSENSCHAFT
ALS GEISTESWISSENSCHAFT

Ich kann mich in zweifacher Weise als Geisteswissenschaftler verstehen. Erstens ist alle Wissenschaft Geisteswissenschaft, wenn sie nicht unmittelbar anwendbar ist. Wo kein direkter Forschungsauftrag vorliegt, geht es auch bei den Naturwissenschaftlern um die geistige Bewältigung der Natur und um eine Vergeistigung der unmittelbaren Erfahrungen. Der Geist dieser Vergeistigung ist allerdings einer, der von manchen Geisteswissenschaftlern nicht begriffen wird, nämlich ein mathematischer.

Gehirnwissenschaft ist aber noch in einem anderen Sinne Geisteswissenschaft, nämlich in dem einer Wissenschaft vom Geist in seiner konkretesten Verdichtung. Mit den meisten meiner Kollegen bin ich überzeugt, daß in einem Menschenhirn alles hingeschrieben steht, was dem Menschen von Natur aus mitgegeben wurde, was er erlebt und was er sich ausgedacht hat: strukturgewordenes Wissen, konkretes Wesen des Menschen, Apparat seiner Empfindungen und Entscheidungen. Nur haben wir noch nicht gelernt, dieses Hingeschriebene zu lesen, abgesehen von einigen unbeholfenen Versuchen, den Ansätzen der Gehirnwissenschaft, wie man sie heute betreibt.

Ich weiß nicht, warum es von manchen Menschen als verletzend empfunden wird, wenn man über den Geist in naturwissenschaftlichen Zusammenhängen spricht. Es war nicht zu allen Zeiten so. Ich will Stimmung machen, indem ich Sie an eine Welt erinnere, in der das gegenseitige Unverständnis noch nicht etabliert war. Ich übersetze frei aus (Übersetzungen von) Fragmenten vorsokratischer Philosophen.

Man sucht in der Natur nach einfachen, greifbaren Modellen dessen, was man beim Menschen als Geist oder als Seele kennt. Thales: »Der Magneteisenstein ist beseelt, denn er vermag andere Körper zu bewegen.« Pythagoras: »Wenn der Körper aus Teilen besteht, so ist die Seele eine Art von gegenseitiger Abstimmung oder Harmonie der Teile«, ganz wie bei einer Lyra; und genau wie bei einem mit Saiten bespannten Instrument: »Wenn der Körper zerfällt, so muß natürlich die Seele (die Harmonie der Saiten) augenblicklich verschwinden.« Dicke Krusten verständnisloser Philosophiegeschichte verbergen die Zusammenhänge, denen zufolge derselbe Meister auch gesagt haben soll, daß »die Seele im Tode von einem Tier ins andere übergeht«. Ähnlich fragmentarisch bleibt Heraklit, der geschrieben hat, daß »ihr niemals das Ende der Seele finden werdet, wie weit ihr auch wandern wollt, so unendlich tief ist die Geschichte der Seele«, der aber auch viel materieller von der Seele reden konnte, »die Seele liebt es, befeuchtet zu werden«, was ihr aber nicht zu bekommen scheint, denn »ein Betrunkener stolpert und weiß nicht, wohin er geht, weil seine Seele feucht ist«. Überhaupt sieht dieser Autor das Wesen der Dinge chemisch, denn »wenn alle Dinge in Rauch aufgingen, so würde man sie mit dem Geruch unterscheiden können«; und sogar »im Hades riechen die Seelen«. Aber nicht nur Biochemiker gab es unter den Geisteswissenschaftlern der frühen Antike, sondern auch Anatomen (Parmenides): »Das Wissen kommt über den Menschen als eine besondere Konstellation der stets wechselnden Teile seines Körpers«, und auch solche, die den Geist dem Zugriff der Naturwissenschaft entziehen wollen (Anaxagoras): »Andere Dinge mögen Gemische sein, doch der Geist ist unendlich und aus sich selbst heraus wirkend und unvermischt. Nur er besteht für sich selbst..., ist das feinste und reinste aller Dinge, hat die größte Macht: Über alles Lebendige herrscht der Geist, er herrscht auch über die Bewegungen der Sterne, der Sonne und des Mondes...«

Es gab damals noch keine Fakultäten, deren Grenzen man zu respektieren hatte.

Der dichterische und der theologische Schwung der Vorsokratiker gehört nicht mehr zum Stil des Naturwissenschaftlers. Es ist zwar immer noch legitim, mangelndes Wissen durch Träumereien zu vervollständigen, man beschränkt sich dabei aber auf engere Gebiete, weil man bald herauskriegt, daß auf Nachbargebieten das eigene Unwissen des anderen Spezialistentum ist. Die Wissenschaft ist in Stücke zerfallen. Ich bezweifle aber, daß die akademische Gliederung, vorab die in geistes- und naturwissenschaftliche Fakultäten, wirklich den praktischen Abgrenzungen von Interessengebieten entspricht. Ohne Zweifel haben in den letzten Jahren viele Mathematiker mit Logikern und Linguisten aus der philosophischen Fakultät ein vitaleres Gespräch geführt als mit den Physikern, ihren traditionellen Fakultätsgenossen. Neurophysiologen entdecken Leibniz, Verhaltensbiologie wird zum Bestandteil der Sozialwissenschaften. Ich will damit nicht sagen, daß durch diese Nahtstellen die alte Einheit wiederhergestellt wurde. Neue Klüfte entstehen, innerhalb der Biologie und insbesondere der Gehirnwissenschaft etwa eine Kluft zwischen einer biophysikalischen und einer logisch-kybernetischen Interessengemeinschaft. Viele Aussagen über biologische Zusammenhänge, besonders im Bereich der Verhaltensbiologie, sind von einer Art, die von den hartgesottenen Naturwissenschaftlern als geisteswissenschaftlich bezeichnet wird. Es sind dies vor allem Aussagen, in denen vom Zweck einer bestimmten Einrichtung die Rede ist. So kann man zum Beispiel die Gestalt einer Schwungfeder im Flügel eines Vogels dadurch erklären, daß man auf die Zweckmäßigkeit gerade dieser Form im Zusammenhang mit der Aerodynamik des Fluges hinweist. Brutverhalten und Nestbau kann man als rührende Beispiele der Vorsorge beschreiben, die Mutter Natur stets gegenüber ihren Kindern walten läßt. Die prächtig auf den Flügeln mancher Schmetterlinge dargestellten Augen kann man erklären, indem man darauf hinweist, daß ein Raubvogel, der es auf den Schmetterling abgesehen hat, die beiden beim Öffnen der Flügel plötzlich auftauchenden, symmetrisch vor ihm stehenden Augenbilder als das Augenpaar eines ihm zugewandten Raub-Säugetieres sieht, vor dem er sich seinerseits zu hüten hat. Auch bei der Analyse des Gehirns kann man so vorgehen. Gewisse Faserverbindungen zwischen Nervenzellen kann man als zweckmäßig verstehen, wenn man einsieht, daß ein kluger Ingenieur eine datenverarbeitende Maschine ähnlich verdrahtet hätte.

Den Physikern sind solche sogenannten teleologischen Erklärungen ein Greuel. Die Physiker unter den Biologen möchten die Entstehung der Augenflecken beim Schmetterling lieber dadurch erklären, daß sie die Vorgänge während der Verpuppung rekonstruieren, die durch Zellteilung, Zellspezialisierung und Zellbewegung die Flügelzeichnung des erwachsenen Schmetterlings herstellen. Sie wenden dabei die Regeln an, die sie bei der Aufklärung komplizierter Zusammenhänge in der unbelebten Natur gelernt haben. Ein Kind aber, das gefragt hat, warum da zwei Augen sind, wird sich sicher, und mit Recht, durch die Geschichte, die ihm der Physiker erzählt, betrogen fühlen. Ist es doch nicht anders, als würde ich auf die Frage, warum auf einem Zettel »Vorsicht, nicht berühren« steht, die Erklärung geben, »weil der Setzer diese Buchstaben in eben dieser Reihenfolge zum Druck bereitgestellt hat«.

Den Vergleich mit dem Setzer kann man ernst nehmen. Ein besonderer Text kann nicht aus den Buchstaben erklärt werden, aus denen er besteht, denn mit denselben Buchstaben kann man auch andere Texte schreiben. Zu seiner Erklärung muß ein übergeordneter Zusammenhang herangezogen werden, zum Beispiel die gemeinsamen Interessen des Schreibers des Textes und des Lesers, für den er bestimmt ist. Ganz analog muß ich die für das Kind akzeptable Erklärung der Augenzeichnung auf den Flügeln des Schmetterlings aus einem übergeordneten Zusammenhang holen, in dem auch andere Tiere vorkommen, solche, die betrogen werden sollen, und solche, deren Augen als Modell für die Abbildung auf den Flügeln diente. Zwischen denen, die Gehirne lesen möchten, als wären sie Texte, und den anderen, den Biophysikern, gibt es Kommunikationsschwierigkeiten, die manchmal zu völligem gegenseitigen Unverständnis entarten. Das Aneinandervorbeireden ist auf diesem Gebiet oft grotesker, als man es sonst in der Wissenschaft gewohnt ist. Ein und derselbe Zusammenhang kann von den zwei Parteien durch zwei Theorien erklärt werden, die gar nichts miteinander zu tun haben, die sich keineswegs gegenseitig ausschließen, die beide logisch konsistent, empirisch gut fundiert und höchstwahrscheinlich korrekt sind. Es sind zwei verschiedene Sorten von Libido, die einen Hirnforscher dazu bringen, den einen oder den anderen Standpunkt einzunehmen. Keiner bezweifelt die Gültigkeit des anderen Standpunktes, aber keinem ist es bisher gelungen, in einem Atemzug Argumente von der einen und von der anderen Sorte überzeugend zu kombinieren.* Der Zusammenhang ist in der Evolutionstheorie zu finden, einem Stück Geisteswissenschaft, das zu monumental ist, um in einem Atemzug untergebracht zu werden.

Wir wollen später ein paar Gedanken verfolgen, die der ersten

* Bis auf Olaf Breidbach in seinem brillanten, von der Stiftung zur Förderung der Philosophie (Korschenbroich) preisgekrönten Essay.

Sorte von Libido, der logisch-kybernetischen oder, wenn man so will, der geisteswissenschaftlichen entsprungen sind.

Eine an die Geisteswissenschaft erinnernde Eigenart der Gehirnforschung ist die, daß dort mehr spekuliert wird, als sonst in der Naturwissenschaft üblich ist. Dies hängt mit der Komplexität des Objekts zusammen, mit der sich diese Wissenschaft beschäftigt. Weil die Eigenschaften, die bei der Zusammenschaltung vieler Schaltelemente, zum Beispiel vieler Nervenzellen im Gehirn, auftreten, nicht elementar aus den Eigenschaften der Elemente abzuleiten sind, sondern unter Umständen erst bei einem hohen Komplexitätsniveau deutlich werden, müssen die theoretischen Konstruktionen auch recht kompliziert werden, bevor es sich lohnt, sie mit der Wirklichkeit zu vergleichen. Die Physiker tun das nicht gerne, sie möchten lieber in kleinen Schritten fortschreiten und Schritt für Schritt die Vorstellungen, die sie entwickelt haben, mit der Wirklichkeit vergleichen. Allzu weit gespannte Konstruktionen, die eine Beobachtung mit der anderen verbinden, nennen sie Spekulationen und lehnen sie prinzipiell als gefährlich ab. Deshalb werden Experimente mit großen Rechenmaschinen, die unter dem Namen »artificial intelligence« laufen, von den biophysikalisch Gesonnenen meist nicht als Beitrag zur Gehirnforschung akzeptiert. Es handelt sich dabei um Versuche, tierisches oder menschliches Verhalten durch geschickte Programmierung von Maschinen zu imitieren, wobei zunächst gar kein Wert darauf gelegt wird, etwa bereits vorhandenes Wissen über die Gehirnmechanismen, die normalerweise diesen Leistungen zugrunde liegen, in die Struktur des Computers miteingehen zu lassen. Man hat zum Beispiel versucht, einen künstlichen, von einem künstlichen Auge geleiteten Arm Konstruktionen aus Blöcken ausführen zu lassen, die in gezeichneten Vorlagen angegeben waren. Oder man hat dem Computer die Anweisung gegeben, nach Beweisen von Theoremen aus der euklidischen Geometrie zu suchen. Diese Spiele sind im ersten Entwurf oft überraschend erfolgreich, verstricken sich dann aber meist in ein Netz von ungeahnten logischen Schwierigkeiten, deren Lösung zu neuen Einsichten über das Wesen der Intelligenz führt. »Artificial intelligence« ist auf verschiedenen Teilgebieten, inklusive dem der Erzeugung und des Verständnisses von Sprache, zur Zeit in raschem Fortschritt begriffen. So unsicher es wäre, aus der erfolgreichen

Strategie solcher Spiele auf die Funktionsweise unseres Gehirns zu schließen, so töricht wäre es allerdings auch, wollte man in einem späteren Stadium das dabei gewonnene Wissen nicht als »synthetische Psychologie« in die empirische Psychologie einbauen. So viele Möglichkeiten gibt es dann wahrscheinlich doch nicht, die Lösung eines bestimmten Problems optimal (das heißt sparsam und effizient) zu erreichen, als daß die Evolution der Gehirne und die Erfindung von Computern, die beide ökonomischen Begrenzungen unterliegen, nicht in ähnlichen Bahnen verlaufen müßte.

Hier wird ein Denkvorgang, den man in der Technik »erfinden« nennt, zum Bestandteil der naturwissenschaftlichen Methode: Um einen bestimmten Gehirnteil zu deuten, ist es statthaft, von dem wenigen, was man darüber weiß, ausgehend, einen Apparat zu erfinden, der das gleiche leistet, um die Struktur dieses Apparats dann mit der Struktur des entsprechenden Gehirnteils zu vergleichen.

Die Beschäftigung mit der Intelligenz, mit der natürlichen und der synthetischen, hat eine interessante emotionale Konsequenz im Wechselspiel zwischen dem Wissenschaftler und seinem Objekt. Wenn man bei der Betrachtung von einem Stück Gehirn einen besonders schlauen Mechanismus erfindet, von dem man sich vorstellen könnte, daß er dort zu Hause ist, so wird man selbstverständlich recht oft durch weitere direkte Erkenntnisse über jenen Gehirnteil gezwungen werden, die erfundene Vorstellung zu korrigieren. Das Interessante dabei ist, daß man immer wieder erfährt, daß die wirklichen Gehirnfunktionen viel effizienter und klüger sind als die Erfindung, die man zu ihrer Erklärung gemacht hat. Man hat einen intelligenten Widersacher: das Zurücknehmenmüssen von eigenen Ideen wirkt niemals enttäuschend, man lernt etwas Besseres dabei.

In der Physik ist der Partner, gegen den man spielt, nur widerborstig, nicht intelligent.

Jetzt will ich versuchen, den Begriff »Information« in seiner technischen Bedeutung einzuführen, der auch dazu beigetragen hat, eine Bresche zu schlagen in die Barriere zwischen Geistes- und Naturwissenschaften.

Will man möglichst viele Telegramme in möglichst kurzer Zeit durch einen Draht schicken, so merkt man bald, daß ein Draht nicht mehr als eine bestimmte Menge davon verkraften kann. Wird er überlastet, so kommen am anderen Ende Texte zusammen, die fehlerhaft sind oder überhaupt nicht verstanden werden können. Ein Draht hat also, wie man zu sagen pflegt, eine bestimmte »Kanalkapazität«. Zwei Drähte, nebeneinander verwendet, können doppelt so viele Telegramme übertragen wie ein einzelner. Außer der Zahl der Drähte, aus denen ein Übertragungskanal entsteht, ist es noch eine Art von elektrischer Beweglichkeit des einzelnen Drahtes, die höchste Wechselstromfrequenz, die er übertragen kann, die dabei eine Rolle spielt, und natürlich auch das Ausmaß der Störung (wie man sie bei schlechter Radioübertragung erleben kann).

Was ist diese Substanz, die im Telegramm enthalten ist und die man durch den Draht pressen kann? Man kann die Menge davon auch im Telegramm messen, sie hängt ab von der Länge des Textes und (vom Logarithmus) der Zahl der Buchstaben im Alphabet, das ich verwende. Man hat diese Größe auch mit einem philosophischen Terminus benannt: Information.

Technisch und begrifflich interessant wird die Sache aber erst, wenn man bemerkt, daß verschiedene Telegramme gleicher Länge verschieden viel Information enthalten, weil sie verschieden stark »redundant« sind. Ein Telegramm, in dem zur Sicherheit jedes Wort zweimal hintereinander gesagt wird, ist redundant gegenüber einem anderen Telegramm derselben Länge, das einen einfachen Text überträgt. Glückwunschtelegramme sind redundant, weil die übertragene Nachricht im wesentlichen komprimiert werden könnte auf den Text »Soundso gratuliert«. Redundante Texte enthalten weniger Information als nicht redundante und können daher ohne Verlust zu kürzeren Texten komprimiert werden, wobei man allerdings unter Umständen eine andere Schreibweise verwenden muß. Man nennt das »kodieren«. Man kann auf diese Weise sehr viel mehr Texte pro Zeit durch einen Draht oder einen Radiowellenübertragungskanal schicken, als man ohne Kenntnis der Informationstheorie in derselben Zeit senden könnte. Wer hätte gedacht, daß Techniker auf die Struktur und sogar auf die Bedeutung von Texten eingehen würden, um für ihre Auftraggeber möglichst billige und effiziente Telegrafiesysteme zu bauen? Das Komprimieren von redundanten Nachrichten ist ein Begriff, der mittlerweile auch in die Umgangssprache Eingang gefunden hat. Der Sinn, in dem diese Worte in der Zeitung zu lesen sind, ist zwar nicht immer genau der ursprünglich intendierte, aber dies wird sich bessern, sobald Informationstheorie Bestandteil des Lehrplans der Gymnasien sein wird.

Auch in der Gehirnforschung hört man manchmal Ausdrücke aus der Informationstheorie. Man sagt zum Beispiel: Die Sinnesorgane des Frosches kodieren den Eingang auf eine sparsame Weise, indem sie die in der Umwelt enthaltene Redundanz ausnützen. Ich will die Frage beiseite lassen, ob man hier die technischen Ausdrücke weniger verfälscht als der Journalist, der von einer »redundanten politischen Situation« spricht.

Das Gedankengut der Informationstheorie, oder allgemeiner, das der Nachrichtentechnik, liefert sicher die adäquate Sprechweise für die Gehirntheorie, nur sind die Zusammenhänge im Gehirn oft so verwickelt und schwer durchschaubar, daß man die technischen Begriffe nur in ihrem philosophischen Sinn, nicht als Bestandteile einer mathematischen Theorie verwenden kann. Für die experimentelle Tatsache, daß das Froschauge dem Froschgehirn nicht etwa, wie eine Fernsehkamera, ein Bild der Umwelt übermittelt, sondern Signale von sich bewegenden größeren und kleineren Objekten, bietet sich eine einfache Erklärung an: Das Auge empfängt viel mehr Information, als für das Leben des Frosches wichtig ist. Die genaue Mitteilung der Helligkeitswerte in allen Punkten des Gesichtsfeldes wäre für den Frosch redundant, da alles für ihn Wesentliche sich in solche Äußerungen komprimieren läßt wie: »Hier bewegt sich eine Fliege, also: zuschnappen« oder »Hier naht der Storch, also: ins Wasser springen«. Die Sprache der Umwelt ist höchst redundant gegenüber dem wenigen, was beantwortet werden soll. Man sieht ein, daß es vernünftig ist, schon im Sinnesorgan den Eingang in ein Alphabet zu kodieren, das den Lebensnotwendigkeiten des Frosches am besten entspricht.

Ein hartgesottener Nachrichtentechniker fühlt sich dabei allerdings nicht wohl. Wo ist denn der Sender (die Umwelt? das Auge?) und wo der Empfänger (der Frosch? die Umwelt?) bei diesem Informationskanal (ebenfalls der Frosch? oder der Sehnerv?), wird er fragen. Und wieviel bits pro Sekunde liefert eigentlich das Panorama um den Frosch herum, der Teich mit all seinem Getier und seinen Pflanzen, und wieviel bits sind es, wenn der Frosch sich bewegt? Wir können dem Nachrichtentechniker antworten: Es wäre töricht, auf klärende Begriffe wie Energie oder Information zu verzichten, bloß weil wir sie in der Biologie noch nicht genau messen können. Im Gegenteil, werden wir sagen, der Begriff der Information, von Technikern für recht künstliche Situationen erfunden, kann nur an Tiefe gewinnen, wenn wir zeigen, wie er sich aufdrängt in biologischen Zusammenhängen, und besonders bei Betrachtungen über das Gehirn, wo er ja eigentlich hingehört.

Die Großväter der heutigen Schüler haben in den Gymnasien, in direkter Kontinuität mit der Antike, noch Logik gelernt. Man verstand darunter eine rudimentäre Formalisierung des »Schließens« nach dem Muster der aristotelischen Syllogistik. Nachdem die Philosophie im Lehrplan gestrichen worden war, dauerte es nicht lange, bis die Einführung der Logik in die Schulen durch die Hintertür des Mathematikunterrichts in der Spezialform der Mengenlehre allseits befürwortet wurde. Eindringlicher aber als die Verfasser von Lehrplänen haben die Elektroniker für die Logik Propaganda gemacht. Man verwendet den Aussagenkalkül, um Schaltungen für telefonische Verbindungen zu entwerfen und um die Struktur von Computern zu beschreiben. Man hat angefangen – und dies ist sicher ein entscheidender Fortschritt gegenüber der Logik der Großväter –, von der Logik im Plural zu sprechen, von verschiedenen Logiken der einen oder der anderen Sorte von Computer. Warum nicht auch von der Logik des Gehirns, von der Logik des visuellen Systems der Fliege zum Beispiel oder von der Logik der menschlichen Gehirnrinde?

Es ist sicher eine vernünftige Darstellung der Vorgänge im Gehirn, wenn man die Aktivitäten der Sinnesorgane als Aussagen über die Umwelt und die Aktivitäten von Neuronen im Gehirn, die von den Sinnesorganen beeinflußt werden, als zusammengesetzte Aussagen betrachtet, deren Bestandteile die elementaren sinnlichen Aussagen sind. Die Regeln, nach denen man aus einfachen Aussagen zusammengesetzte baut und die einem gestatten, aus der Wahrheit oder Falschheit der einfachen Aussagen auf die Wahrheit oder Falschheit der zusammengesetzten zu schließen, sind im Aussagenkalkül festgelegt. Die »Konnektive« des Aussagenkalküls:

»entweder… oder…«, »weder… noch…«, »…aber nicht…«, »…und…« – müßten dann, bei der Anwendung auf das Gehirn, den funktionellen Verknüpfungen von Nervenzellen im Inneren des Gehirns und von Sinneszellen mit Nervenzellen entsprechen.

Merkwürdigerweise waren die drei Arten der Verknüpfung von Neuronen untereinander, die durch elektrophysiologische Analysen (ganz ohne Rücksicht auf die Logik und ohne spekulative Absichten) zuerst festgestellt wurden, genau die, die den drei historisch wichtigsten logischen Konnektiven Konjunktion, Disjunktion und Negation entsprechen. Man kann den Aussagenkalkül auch mit Hilfe von anderen Kombinationen von Konnektiven aufbauen, sogar mit einem einzigen geschickt gewählten logischen Konnektiv, aber sowohl bei den ersten Formulierungen des Aussagenkalküls in der Antike als auch bei den Ansätzen zur mathematischen Logik im vorigen Jahrhundert bediente man sich der Formen »...und...«, »...und/oder...«, »nicht...«. Hat hier die durchgesickerte klassische Tradition den Neurophysiologen so die Hand geführt, daß sie in der Komplexität der Nervenfunktionen unbewußt das zuerst entdeckten, was den Formalisierungen der Logiker entspricht? Oder haben die Stoiker Konjunktion, Disjunktion und Negation als fundamental empfunden, weil sie, kraft der neurophysiologischen Gesetze, die in ihren eigenen Gehirnen wirkten, gar nicht anders konnten?

Mit dieser Frage, in der der Gedanke einer neurophysiologischen Grundlegung der Logik anklingt, will ich schließen, will aber noch an einem anderen Aspekt der traditionellen Logik zeigen, daß dieses ambitiöse Projekt nicht ganz ohne Fundament ist. Wer sich in der aristotelischen Logik auskennt, die als Syllogistik zweitausend Jahre lang das Feld beherrscht hat, wird sich vielleicht gefragt haben, warum dieses anscheinend willkürlich auf Aussagen von der Form »Alle A sind B«, »Kein A ist B«, »Einige A sind B«, »Einige A sind nicht B« aufgebaute System so viel Erfolg hatte. Meine Vermutung ist, daß sich in der Form dieser Aussagen ein wichtiger Aspekt der Gehirnfunktion widerspiegelt. Die Aussage »Alle roten Äpfel sind süß« entspricht deswegen einer fundamentalen Operationsweise des Gehirns, weil sie auf der Assoziation zwischen rot und süß beruht und weil Assoziation die wichtigste Grundlage für die Entstehung von Strukturen im Inneren des Gehirns ist. Es gibt direkte experimentelle Evidenz dafür, die im Detail auszuführen allerdings die Toleranz eines auf Geisteswissenschaft im traditionellen Sinn ausgerichteten Publikums übersteigen würde. Ich hoffe, daß der Leser, angeregt durch diese Betrachtungen, sich bei Gelegenheit direkte Einblicke in unsere Laboratorien verschafft, in denen man Geist im vorsokratischen Sinne reduziert auf »besondere Konstellationen der stets wechselnden Teile des Körpers«.

WAS DAS GEHIRN MIT INFORMATION ZU TUN HAT

Man spricht so leicht von Informationsverarbeitung in biologischen Systemen, als ob es klar wäre, was die Information eigentlich ist, die da verarbeitet wird, und von welchen Dingen die Rede ist, wenn man von biologischen Systemen spricht. In Wirklichkeit bleibt es einem nicht erspart, zwei gewichtige Begriffe, den der Information und den des Lebens, aus dem gewöhnlichen Sprachgebrauch herauszuheben, um zu sehen, ob ihre Verwendung überhaupt vernünftigen Definitionen entspricht. Ich werde also zunächst ein bißchen philosophieren. Ich will glaubhaft machen, daß Information zum Wesen des Lebens überhaupt gehört und daß andererseits der Begriff Information wenig Sinn hat oder, besser, sich durch andere wohlbekannte Begriffe aus der Physik ersetzen ließe, wäre nicht von Lebewesen die Rede, die die Information aufnehmen und, wenn Sie so wollen, verarbeiten.

Zuerst eine Beobachtung, die schon lange in der Philosophie herumgeistert. Niemand wird bezweifeln, daß mein Körper ein Stück Materie ist, bestehend aus einer Menge von Molekülen der verschiedensten Sorten. Ich würde aber nicht sagen, daß *ich* ein Stück Materie bin, aus bestimmten zu Molekülen und weiter zu Organen verbundenen Atomen bestehend, denn das wäre einfach falsch. Nicht etwa im Sinne einer Weltanschauung, die dem Ich ein besonderes, nichtmaterielles Wesen zuschreiben möchte (was heißt denn das überhaupt?), sondern in dem ganz konkreten Sinn, daß ich viel beständiger bin als die Menge der Moleküle, aus denen mein Körper besteht. Diese sind nämlich in den vergangenen Jahren zum allergrößten Teil ausgewechselt worden, und doch weiß ich genau, daß ich derselbe bin wie der vor einigen Jahren, der denselben Namen trug und im selben Haus wohnte. Selbst wenn ich das nicht so stark empfinden würde, könnte ich mich meiner Identität über die Jahre hinweg doch nicht entziehen, wenn man mich zum Beispiel heute vor Gericht verantwortlich machte für Taten, die mein damaliger, aus ganz anderen Teilchen bestehender Körper verübt hat. Ich, das gleichbleibende Individuum, bin also eher zu identifizieren mit dem gleich oder fast gleichbleibenden Konstruktionsschema meines stets wechselnden Körpers, eine konstante Form der durch mich hindurchfließenden Materie, eher einem Wasserfall zu vergleichen als einem Berg, eher einer Flamme als einer Statue.

Aber wenn ich ein dynamisches Schema bin und nicht ein Haufen von Atomen, dann ist mein Wesen offenbar etwas sehr Abstraktes, eine Information sozusagen, nämlich die Information, die nötig wäre, um mich exakt nachzubauen. Darin wäre auch die Information inbegriffen, die meine Erfahrung ausmacht, die ja auch irgendwie in meinem Gehirn zu finden wäre und bei der Herstellung einer exakten Kopie mit übertragen würde, vorausgesetzt, man könnte das.

Norbert Wiener, der Mathematiker, spielte mit dieser Idee: Statt einen Architekten in Europa mit der Planung und Bauleitung eines Gebäudes in Amerika zu betrauen, mit dem ganzen komplizierten Hin und Her von Information, die dazu nötig wäre, Baupläne, Anweisungen, Rückmeldungen und Abrechnungen zu übermitteln, warum nicht ein für allemal eine Kopie des Architekten hinübertelegraphieren, die dann am Ort des Baus den Originalarchitekten vollkommen vertreten könnte? Das war damals ein aufregender Gedanke, wenigstens für Laien; für die Genetiker war es ja schon lange selbstverständlich, daß die Struktur eines Organismus als Information in Ei- und Samenzellen enthalten ist und dann offenbar als Kopie an die Körperzellen weitergegeben wird. Wie sehr der genetische Kode, in dem diese Struktur im Inneren der Zelle aufgeschrieben ist, tatsächlich einem konventionellen Alphabet ähnelt, ist dann allerdings erst einige Jahre später entdeckt worden, und nicht ganz zufällig, glaube ich: die mathematische Formulierung der Informationstheorie durch Norbert Wiener und Claude Shannon in den vierziger Jahren hat der Genetik begrifflich sicher sehr weitergeholfen, zum Beispiel durch einige grundlegende Einsichten in das Wesen der Kodierung.

Nun gut, so haben wir uns also mit dem Gedanken vertraut gemacht, daß Lebewesen ganz wesentlich aus Information bestehen, daß sie die Fähigkeit haben, Materie nach der ihnen eigenen Information zu prägen, indem sie sie aufnehmen und eine Zeitlang in ihr Gefüge einbauen. Ich habe eingangs aber auch das Umgekehrte behauptet; nämlich daß Information ein Begriff ist, der Lebewesen voraussetzt, ohne sie keinen Sinn hat. Das ist schwieriger zu verstehen, wird auch bei manchen Kollegen, besonders den Ingenieuren, nicht unwidersprochen bleiben.

Stellen wir uns vor, wir geraten auf einer unbekannten, möglicherweise unbewohnten Insel an einen Strand, der mit weißen und schwarzen Kieselsteinen ganz bedeckt ist. Da entdecken wir, daß an einer bestimmten Stelle die schwarzen Steine so angeordnet sind, daß man deutlich das Wort: Willkommen! lesen kann. Ich schließe daraus, daß es hier auf der Insel Leute gibt, die sich der deutschen Sprache bedienen und Fremden gegenüber freundlich gesinnt sind. Sie aber, als vorsichtiger und kritischer Mensch, bemerken ganz richtig, daß diese Anordnung von schwarzen und weißen Kieseln ohne weiteres zufällig entstanden sein könnte, vom Meer beim letzten Sturm so zusammengewürfelt, als eine von den fast unendlich vielen Anordnungen, die bei so vielen Steinen möglich sind. Was gibt uns das Recht, sagen Sie, diese eine Anordnung, die genauso wahrscheinlich oder unwahrscheinlich ist wie jede andere, als Information aufzufassen? Warum habe ich die anscheinend regellose Anordnung von Kieselsteinen am Nachbarstrand nicht auch als eine Mitteilung empfunden, fragen Sie, denn Sie haben ihren Shannon gelesen und wissen, daß die Menge von übermittelter Information irgendwie mit der Wahrscheinlichkeit eines Musters zusammenhängt. Sind die beiden Anordnungen von Steinen auf den beiden Stränden nicht etwa gleich unwahrscheinlich und daher gleich informationsträchtig? Sie haben natürlich recht, aber ich lasse mich doch nicht von meiner Meinung abbringen, daß hier jemand etwas für uns hingeschrieben hat, und das Merkwürdige ist, daß ich sehr wahrscheinlich auch recht habe. Wie geht das zu?

Wir finden den Schlüssel bei einer Betrachtung des Wortes Information, das zum uralten philosophischen Sprachgebrauch gehört und das genaugenommen soviel bedeutet wie Übertragung von Form oder Prägung: In-Formation, Formung. Insofern habe ich recht, wenn ich die Buchstaben im Kies als Mitteilung, das heißt Information empfinde, als sie in mir etwas erregen, das Verständnis des Wortes, das Begreifen seiner Bedeutung, und zwar unabhängig davon, ob da wirklich jemand die Steinchen sorgfältig so hingelegt hat, daß sie als Buchstaben verstanden werden können, oder ob es bloß ein absonderlicher Zufall der Natur war. Entscheidend ist, daß ich die Figuren im Kies als Symbole gewertet habe und als solche weiterverarbeite. Es ist also ein perzipierendes Wesen nötig, ein Wesen, dessen Innenleben durch die erfaßten Zeichen beeinflußt oder geprägt wird, um von Information zu reden.

Jetzt kommen Sie natürlich wieder mit Ihrem unschlagbaren Einwand, daß die von mir vermeintlich oder wirklich verstandene Mitteilung objektiv physikalisch gesprochen doch nur eine unter vielen möglichen keineswegs besonders ausgezeichnete Verteilung von weißen und schwarzen Steinchen ist. Aber eben bloß physikalisch gesprochen oder, besser, nur wenn man sich die perzipierenden Lebewesen wegdenkt. Denn sobald so einer da ist wie ich, der Zeichen entdeckt und sie auch verstehen kann, ist Ihr Argument von der gleichen Wahrscheinlichkeit aller Kieselsteinanordnungen auch schon hinfällig. Jene Anordnungen nämlich, die ich lesen kann, sind vergleichsweise nur ganz wenige unter den vielen möglichen Anordnungen von Kieselsteinen, die die Brandung zuwege bringt. Und weil es nur wenige sind, sind die lesbaren Kieselsteinkonfigurationen überraschend und gestatten mir sehr wohl zu schließen, daß hier eine menschliche Hand am Werke war. Ersparen Sie mir jetzt bitte das weitere Eingehen auf die Zusammenhänge zwischen Statistik und Information. Ich weiß, daß es zunächst befremdet, wenn ich behaupte, daß die gleichmäßige Verteilung von Kieselsteinen am Strand, die ja für Ihre Augen bloß eine, immer dieselbe ist, in Wirklichkeit beinahe unendlich vielen verschiedenen Konfigurationen von Kieselsteinen entspricht, sehr sehr viel mehr Konfigurationen entspricht als alle jene zusammengenommen, die irgendwelche irgendwie geartete Schriftzüge lesbar enthalten. Den Physikern unter ihnen ist der Gedanke schon vertraut, sie wissen von verschiedenen Makrozuständen eines Systems, die durch mehr oder weniger viele Mikrozustände verwirklicht werden, und je mehr Mikrozustände es sind, desto größer ist die Wahrscheinlichkeit des Makrozustands und desto größer, sagt man, ist die Entropie des Systems. Man wundert sich nicht, daß man für die Entropie in der Physik und für die Information in der Nachrichtentechnik ganz ähnliche Formeln verwendet, denn die beiden Begriffe sind verwandt. Nur, die Makrozustände in der Physik, deren Entropie man mißt, sind so einfach definiert, daß man von ihnen vernünftig reden kann, ohne sich dabei einen menschlichen Beobachter vorzustellen: Sie erinnern sich an das Schulbeispiel, alle Gasmoleküle in einem Gefäß, kein einziges in dem anderen – während die Makrozustände in unserem Beispiel, lesbare Schriftzeichen im Kies, ohne die Anwesenheit eines vernünftigen, gebildeten Menschen überhaupt nicht definierbar sind.

Ich hoffe, Sie sind jetzt überzeugt, daß der Begriff der Information Lebewesen voraussetzt und, wenn man sich die Lebewesen wegdenkt, nicht einfach zusammenfällt mit dem der (negativen) Entropie in der Physik. Aber das war Ihnen bisher vielleicht zu allgemein. Wir wollen jetzt untersuchen, wie Information durch Lebewesen hindurchfließt, von ihnen erzeugt wird, von anderen Lebewesen aufgenommen wird. Das Gesamtbild dieser Informationsflüsse, die Art und Weise, wie sie voneinander abhängen, ist ungeheuer kompliziert. Greifen wir ein paar Beispiele heraus. Dabei wird der Begriff der Information, den wir weiter eher umgangssprachlich verwenden wollen, durch den Gebrauch vielleicht ein bißchen deutlicher werden.

Führen wir uns zunächst folgenden Gedanken zu Gemüte: Jedes Lebewesen enthält Information über seine Umwelt, und zwar schon bei der Geburt, bevor es je Gelegenheit hatte, Erfahrungen zu sammeln. Ein gewisses Maß von Wissen über diese Welt ist uns allen angeboren. Ich weiß wohl, daß viele Leute das nicht mögen, es erinnert zu sehr an die Anthropologie unserer Großväter, die die Neigung hatten, ihre Mitmenschen als die Summe der angeborenen Eigenschaften aller ihrer Vorfahren zu sehen, vielleicht unter dem Eindruck der damals aufkommenden Vererbungslehre: den Eigensinn hat er von der Mutter, hieß es, das Liederliche vom väterlichen Großvater und die Musikalität vom Onkel. So einfach ist das sicher nicht, aber es kann doch keinem unbefangenen Beobachter des Verhaltens entgehen, daß das meiste von dem, was man Triebverhalten nennt, ganz stark auf angeborenen Programmen beruht. Viele Tiere erkennen ihre Artgenossen, wenn die Zeit zur Paarung gekommen ist, auch wenn sie nie vorher einen gesehen haben. Es ist ihnen offenbar ein Steckbrief bei der Geburt mitgegeben worden, vermutlich verankert in der Gehirnstruktur, vielleicht sehr einfach formuliert und auf wenige markante Merkmale beschränkt, der aber zur Erkennung des Geschlechtspartners ausreicht. Auch wissen die meisten Tiere sehr wohl, welche Tänze sie dann tanzen müssen, wenn der Partner zur Verfügung steht, welche Signale sie von sich geben müssen und auf welche Signale sie zu achten haben, welche Kopulationsbewegungen endlich zum Erfolg führen, auch wenn sie vorher noch nie Gelegenheit gehabt hatten, bei erfahrenen Tieren zuzuschauen. Auch beim Kämpfen spielen angeborene Verhaltensformeln eine Rolle: das Kind braucht das Zuschlagen mit den Fäusten und das Zähnefletschen nicht erst zu lernen, wenn es einmal wütend ist. All das bedeutet natürlich eine Menge fest eingebauten Wissens: über das Aussehen und das Reflexverhalten anderer Tiere, über die physikalischen Eigenschaften des Körperteils, auf den man zuschlägt oder in den man hineinbeißt, kein Wissen im schulmeisterlichen Sinne, sondern, eher würde man sagen, unbewußtes Wissen, das im entscheidenden Augenblick zur Verfügung steht. Woher kommt diese Information, und wer hat sie mitgeteilt?

Erstens: woher sie kommt. Natürlich aus der Erfahrung vergangener Generationen. Nicht in dem Sinne, daß das Wissen, das der Vater im Laufe seines Lebens erworben hat, dem Kind in die Wiege mitgeben wird: diese sogenannte Lamarckistische Vorstellung hat heute keine Anhänger mehr. Die konkurrierende Vorstellung, die in der Darwinschen Evolutionstheorie und in ihren späteren Weiterentwicklungen enthalten ist, hat uns alle überzeugt. Im Zusammenwirken von zufälliger Variation der Individuen und strenger Auslese nach Überlebenswahrscheinlichkeit und nach der Fähigkeit, sich kräftig zu vermehren, finden wir ein Prinzip von ungeheurer Gestaltungskraft, dem wir die ganze Vielfalt der organischen Schöpfung zutrauen. Unter anderem bewirkt dieses Prinzip, daß sich die Tierarten im Laufe der Generationen immer genauer an die besondere Umwelt anpassen, für die sie geschaffen sind. Das heißt natürlich, daß Information aus der Umwelt ständig übergeht in den genetischen Kode, wo sie sich langsam anreichert und von Generation zu Generation weitergegeben wird. Es ist eine merkwürdige Art der Informationsübertragung, dieses wilde Ausprobierenlassen und langsame Bestätigen, aber doch eine sehr effiziente: Wer kennt nicht Beispiele von Insekten, die wie Blätter, Zweige oder Blüten aussehen, und von Blüten, die in ihrer Form und Färbung die Weibchen gewisser Insekten so treffend darstellen, daß sie die entsprechenden Männchen scharenweise anziehen und zur »Kopulation« anregen? Es gibt Fliegen, die sich das Äußere von

Bienen täuschend zu eigen gemacht haben; völlig harmlose Schlangen, die, selbst für den Zoologen kaum zu unterscheiden, die Zeichnung und bunte Färbung gewisser gefährlicher Giftschlangen angenommen haben und so offenbar den Vorteil der Abschreckung von Raubtieren, die bereits üble Erfahrungen mit den Giftschlangen gemacht haben, mitgenießen. Es gibt Spinnen, die wie Ameisen aussehen und unter Ameisen leben (und da sie 8 statt 6 Beine haben, das überzählige vordere Beinpaar hochhalten und als Fühler tarnen, als könnten Ameisen Beine zählen). Ganz verschiedene Tiere: Schlangen, Fische, Insekten, tragen am Hinterende eine frappierende Kopfattrappe, die offenbar falsche Schlüsse auf die Richtung ihrer Fortbewegung nahelegen soll. Das sind alles keine Zufälle, sondern besonders augenfällige Beweise dafür, daß der Darwinsche Evolutionsprozeß unentwegt eine gewaltige Menge von Information zwischen verschiedenen Tier- und Pflanzenarten austauscht, in den genetischen Kode einer Art einbringt und von dort wieder, über die Gestalt und Färbung der Lebewesen oder über ihr Verhalten, zum Gebrauch anderer Lebewesen in Umlauf bringt. Das bedeutet in vielen Fällen, daß zusammen mit der äußeren Form, zum Beispiel der einer Orchideenblüte, die männliche Insekten anlockt, auch eine Art »Wissen« über die Wünsche, über das Verhalten und über die Körperform der zu täuschenden Tiere im genetischen Kode der täuschenden Art enthalten ist. Der Informationsfluß zwischen den genetischen Kodes der Tiere und Pflanzen, die sich in einem ökologischen System aufeinander eingestellt haben, ist ungeheuer kompliziert.

Es ist also ein Informationskanal besonderer Art, der von der äußeren Umwelt zum Genom eines Tieres führt. So nennt man die Gesamtheit der Riesenmoleküle, die in einer Zelle die genetische Information enthalten. Die nächste Frage ist: Über welchen Kanal gelangt dann die relevante Information vom Genom in das Verhalten, so daß die angeborenen Programme und Fähigkeiten bei jeder Tierart auf die ihr eigene Weise zur Entfaltung kommen? Hier ist ein Teil der Antwort ganz evident: Die Programme und Fähigkeiten sind festgelegt in der Gehirnstruktur, und man wundert sich nicht, wenn verschiedene Tiere oft recht verschiedene Gehirne haben, die man möglicherweise mit ihren verschiedenen Charakteren in Verbindung bringen kann. Die Frage ist dann eher, wie wird die

Struktur des Gehirns aus dem Genom abgelesen, wie kommt es dazu, daß die Milliarden von Körperzellen, die durch Zellteilung aus einer befruchteten Eizelle entstehen, sich zu verschiedenen spezialisierten Zellen differenzieren und dann komplexe Zellverbände bilden, zum Beispiel das Gehirn, in dem sie sich teils regellos, teils nach vorbestimmten Regeln miteinander verbinden? Hier ist die Antwort nicht so einfach, vor allem deswegen, weil uns das biochemische Detailwissen fehlt, das nötig wäre, um die Verkettung von Ereignissen von der Befruchtung der Eizelle über die Entwicklung eines Embryos bis zum fertigen Tier zu rekonstruieren. Die Erforschung dieses genetisch-embryologischen Informationskanals ist zur Zeit ein Hauptthema der Biologie. In groben Zügen sind die Mechanismen schon verstanden. Im einzelnen sind sie sehr komplex, wenn sie auch insgesamt offenbar fast immer zum Erfolg führen. Die meisten von uns verfügen ja über wohlgebaute Gehirne, in denen das Wissen und das Können, das in unseren Genen kodiert ist, ordentlich zur Entfaltung kommt.

Ich habe bisher über zwei Arten des Informationsflusses in der Biologie gesprochen: erstens aus der Umwelt über den Darwinschen Evolutionsprozeß in die Gene, und zweitens aus den Genen über die embryologischen Prozesse in den fertigen, funktionierenden Organismus. Ich will jetzt noch einen dritten Informationsfluß besprechen, den offensichtlichsten, den, den man am ehesten mit dem Wort Information in Verbindung gebracht hätte: hinein über die Sinnesorgane in das Gehirn und vom Gehirn zurück in die Umwelt über die motorischen Äußerungen des Organismus. Dieser Informationskanal ist der Gegenstand der Sinnes- und Gehirnphysiologie. Sinn und Zweck des Gehirns wird nur verständlich im Lichte dieser Art von Informationsverarbeitung. Ich will jetzt einige Merkmale des Apparats skizzieren, mit dem wir das ganze Leben lang Nachrichten über Ereignisse in der Umwelt empfangen und Signale aussenden, die unsere Beziehungen zur Umwelt verändern. Das heißt, ich will Ihnen einen kurzen Bericht über den neuesten Stand der Gehirntheorie liefern.

Ganz ähnlich wie in den elektronischen Rechenanlagen erreicht die Information das Gehirn über eine Menge einzelner Drähte, die unabhängig voneinander Signale übermitteln können. Nur sind die Drähte im Falle des Gehirns feine, mit Flüssigkeit gefüllte Röhrchen, und die Signale sind viel kompliziertere Ereignisse physikalisch chemischer Art als die einfachen Pulse, die in der Elektronik durch metallische Drähte geschickt werden. Auch breiten sich die Signale im Gehirn viel langsamer aus als die in der Elektronik. Gleichwohl, Signale sind Signale, und im Gehirn sowie in Rechenmaschinen haben sie eines gemeinsam: die Tatsache, daß sie voneinander deutlich abgesetzt sind, zählbar sind, »diskret«, wie man zu sagen pflegt. Das hat große Vorteile gegenüber der Informationsübertragung, sagen wir durch ein kontinuierlich sich änderndes elektrisches Potential, denn ein solches Potential müßte am Ankunftsort erst genau gemessen werden, und alle Verzerrungen in der Übertragung würden diese Messung empfindlich stören. Bei der Übertragung von Pulsen ist das kaum ein Problem, wie immer verzerrt, kann ein Puls vom Empfänger noch als solcher erkannt werden. Der Puls dient sozusagen als Symbol für das, was er übermittelt, und wie bei anderen Symbolen auch, zum Beispiel bei den Buchstaben eines Alphabets, spielt die genaue Form keine Rolle, solange das Symbol überhaupt noch erkannt wird.

Das Gehirn ist also von Grund aus ein Symbolverarbeitungsapparat, und in der Symbolhaftigkeit seiner Funktionsweise beim Erkennen, z.B. von Buchstaben und Wörtern auf dem Kieselstrand, haben wir vorhin bereits eine der Wurzeln des Informationsbegriffs gefunden. Nicht nur mit sprachlichen Gegebenheiten, Buchstaben oder Klängen verfährt das Gehirn symbolhaft, sondern überhaupt bei seiner Erfassung der Dinge der Umwelt. Das Herauslösen von einzelnen Ereignissen aus dem Kontinuum der Sinneseingänge geschieht sozusagen durch das Belegen dieser Dinge mit besonderen Symbolen der Gehirnaktivität oder, was dasselbe ist, durch die Übersetzung der Umwelt in die innere Sprache des Gehirns.

Ich will nicht behaupten, daß man alle Einzelheiten dieses Vorgangs bereits kennt, aber es gibt viele Hinweise in der neueren Gehirnphysiologie. Bei Affen und Katzen weiß man ziemlich genau, in welche elementaren Bedeutungseinheiten das Bild der Umwelt zerlegt wird, sobald es von den Augen auf das Gehirn projiziert wird, und mit dem Eingang aus der Hörbahn scheint das Gehirn ähnlich symbolhaft umzugehen. Es ist dabei nicht so wichtig, ob wirklich Pulse in einzelnen Elementen des Gehirns als die inneren Symbole fungieren oder ob es Salven von Pulsen in Scharen von Elementen sind, eine Frage, die zur Zeit viel diskutiert wird.

Wichtiger scheint mir etwas anderes: die Fähigkeit des Gehirns, seine innere Sprache oder, allgemeiner, seinen Symbolvorrat an die Gegebenheiten der Umwelt anzupassen. Man kann nicht alles auffassen, nicht alles erkennen, nicht auf alles reagieren. Eine Vorauswahl geschieht durch die angeborenen Erkennungsmechanismen, über die wir bereits gesprochen haben. Aber bei den höheren Tieren und besonders beim Menschen spielt das Lernen die größere Rolle. Das ganze Leben lang lernt man Gestalten zu unterscheiden, wichtige Situationen zu erkennen, besondere Reaktionen auszufeilen. Im Gehirn entspricht dem eine ständige Umstrukturierung der inneren Verbindungen, indem Zusammengehöriges zusammengeschaltet wird, Sequenzen eingeschliffen werden. Wenn dann alles im Gehirn so angeordnet ist, daß die Verbindungen der Nervenfasern untereinander ein genaues Bild darstellen von den logischen und kausalen Verknüpfungen der Dinge in der Außenwelt, dann kann man Geschehnisse probeweise im Inneren des eigenen Gehirns ablaufen lassen, das heißt, man kann denken.

Damit haben Sie den vierten und letzten Informationsfluß kennengelernt, den ich Ihnen vorstellen wollte: die Prägung individueller Gehirne durch die Erfahrung im Laufe eines Lebens. Vielleicht kommt dieser Prozeß dem Begriff der Information im ursprünglichen Sinne am nächsten. Er ist jedenfalls der, den wir bei uns selbst und bei anderen Leuten am ehesten bewußt erleben. Es ist ein erstaunlich verschwenderischer Prozeß, weil die riesige Menge der erlernten Information ja am Ende jedes Lebens wieder zerfällt. Wenn dieses erworbene Wissen nicht von einzelnen Menschen in symbolhafter Form auf Papier oder Magnetspeicher an die nächste Generation weitergegeben wird. Aber dies ist eine fünfte Art der Informationsverarbeitung in lebenden Systemen, über die zu reden wieder eine andere Geschichte ist.

SIEBEN SCHNITTE
DURCH DIE WISSENSCHAFT

In den letzten Jahren ist viel die Rede gewesen von zweierlei Arten des Denkens, einer kausal-sequenziellen und einer morphologisch-synchronen. Man hat das eine Denken mit der linken Gehirnhälfte in Verbindung gebracht, von der man schon lange weiß, daß sie enge Beziehungen zur Sprache hat, und das andere mit der rechten, aufgrund von Beobachtungen an unglücklichen Patienten, bei denen 200 Millionen Fasern, die die beiden Hirnhälften normalerweise verbinden, aus therapeutischen Gründen durchschnitten wurden. Als Vertreter der Gehirnwissenschaft wird man oft zu diesem Thema gefragt und muß gar als Zeuge herhalten für eine Propaganda, die der rechten Gehirnhälfte eine gewisse philosophische Überlegenheit zuschreiben möchte bei einer gleichzeitigen Abwertung der Fähigkeit der linken. Physik, eine viel zu lang hingezogene Orgie des kausalen Denkens, sei mit dem halben (linken) Gehirn betrieben worden, es sei jetzt höchste Zeit, das andere Halbhirn dazuzuschalten oder zur Abwechslung alleine reden zu lassen.

Gegen eine solche simplifizierende Zweiteilung des Geistes habe ich die folgenden Notizen im Anschluß an eine unerquickliche Diskussionsrunde geschrieben. Ich kann mich nicht davon überzeugen, daß die Unterscheidung einer kausalanalytischen und einer vergleichend-morphologischen Methode der einzigen oder auch nur der tiefsten Kluft in der derzeitigen Wissenschaft entspricht und daß etwa eine von den beiden für meine Forschung wichtiger wäre als die andere.

Daß es aber Klüfte des gegenseitigen Unverständnisses gibt, die die Gemeinschaft der Wissenschaftler kreuz und quer durchziehen und oft störend wirken, habe ich auch erfahren. Ich will jetzt eine Reihe von Schnitten durch die Welt der Begriffe anlegen, die uns vielleicht helfen können, diese Schwierigkeiten zu erkennen und zu überwinden.

1. Wirklichkeit

Der erste Schnitt, den ich mache, trennt die Wissenschaftler von einer gewissen Art von Philosophen, die die Existenz einer intersubjektiven Wirklichkeit für ein diskutables Problem halten. Die Entscheidung, ob ich mich dem einen oder dem anderen Lager zugeselle, ergibt sich nicht aus theoretischen Überlegungen, sondern aus der Praxis, wenn ich zu meinem Gesprächspartner sage: Bist du von meiner Existenz nicht überzeugt, so will ich nicht mit dir reden. Eine andere Regel, deren Annahme oder Ablehnung ungefähr denselben Schnitt zwischen der Wissenschaft und anderen Ausdrucksformen bewirkt, stammt aus der guten Kinderstube: Man soll nicht über sich selbst reden. Wird sie befolgt, so bleiben dem Gespräch die Schwierigkeiten erspart, die mit der Asymmetrie des Begriffspaares subjektiv–objektiv zusammenhängen. Das Gespräch wird dabei nicht sehr eingeengt, es bleibt immerhin noch die ganze übrige Welt als möglicher Gegenstand, über den die Gesprächspartner ungefähr auf dieselbe Weise urteilen, weil sie ihm gegenüber eine symmetrische Stellung beziehen können.

Die Vermeidung der subjektivistischen Falle bedeutet übrigens nicht, daß man auf Erfahrungen aus der Introspektion verzichten muß. Man denke z.B. an Untersuchungen über das Farbensehen, bei denen man, wenn das Versuchstier der Mensch ist, am einfachsten durch Befragung weiterkommt. Das Prinzip, das die Wissenschaft gegenüber jener Art von subjektivistischer Philosophie auszeichnet, wird dabei nicht verletzt: Es ist von Dingen die Rede, die die beiden Gesprächspartner symmetrisch erleben können, indem sie einander oder, noch besser, dritte Personen befragen.

2. Geisteswissenschaft, Naturwissenschaft

Nicht zu verwechseln mit dem ersten, dem philosophischen Schnitt, ist der zweite Schnitt, der der Unterscheidung zwischen Geistes- und Naturwissenschaften entspricht. Hier muß ich bekennen, daß meine Beschäftigung mit der Kybernetik mich persönlich so verbildet hat, daß ich die landläufige Unterscheidung nicht mehr klar sehen kann. Oder anders: Wenn es eine Grenze zwischen Geistes- und Naturwissenschaften gibt, so scheint es ein Anliegen vieler Wissenschaftler auf meinem Gebiet zu sein, diese zu verschieben. Diese Tendenz ist älter als die Wienersche Kybernetik (1948). Beispiel: In seiner *Lehre von den Tonempfindungen* (1877) entdeckt Helmholtz eine einfache physikalische Regel, die die Komponisten seiner Zeit unbewußt zu respektieren schienen. Die Regel lautet: Vermeide Zusammenklänge, bei denen Frequenzunterschiede (zwischen Grund- und/oder Obertönen) von 20 bis 30 Hz auftreten. Aus dieser Regel lassen sich eine Menge Vorschriften ableiten, die schon viele Generationen vor Helmholtz im Musikunterricht auf einer rein ästhetischen Grundlage tradiert wurden: daß gewisse Akkorde gestattet sind, andere nicht oder auf manchen Instrumenten gestattet sind, auf anderen nicht oder auf manchen nur in einer hohen Lage etc. Merkwürdigerweise macht der Musikunterricht auch heute noch von der Helmholtzschen Theorie kaum Gebrauch, obwohl die entsprechenden Vorschriften immer noch unterrichtet werden, wohl wegen der Schwierigkeit, die vielen Musikern das Lesen von einem Stück Physik bereitet. Dies ist wohl sicher auch der Grund, warum keine Ausweitung der Helmholtzschen Theorie entstanden ist, um neuere Entwicklungen der Musik auf ähnliche Weise zu erklären.*

Beispiele aus neuerer Zeit: Man kann die Menge an Informationen, die in einem Telegramm übertragen wird, messen, wobei man findet, daß ein banales Telegramm bei gleicher Buchstabenzahl viel weniger Information überträgt als ein klug formuliertes. Man hat die Intelligenz, die beim Schach zur Entfaltung kommt, weitgehend in Computerprogrammen dargestellt. Man hat mit Hilfe des Prädikatenkalküls das Problem, gültige von ungültigen Schlüssen zu unterscheiden, das aristotelische Syllogistiker tausend Jahre lang beschäftigt hat, im Nu gelöst. Man hat das philosophische Problem der Abstraktion einer gemeinsamen Form aus ähnlichen Figuren in Einzelfällen maschinell lösen können.

Eine merkwürdige Situation an der Grenze zwischen Geistes- und Naturwissenschaft zeichnet sich in der Psychiatrie ab. Das heute übliche Diagnosenschema beruht auf Beschreibungen, die sich einer der Romanschriftstellerei entlehnten Sprache bedienen. Karl Jaspers hat in seiner Psychopathologie (1913) dieser Sprache den raffinier-

* Wohl aber hat die Helmholtzsche Theorie aufgrund von modernen Experimenten einige Abwandlungen erfahren. Als Zusammenfassung empfehle ich J.G. Roederer: *Physikalische und psychoakustische Grundlagen der Musik*. Heidelberg: Springer 1977.

testen Schliff gegeben. Neuerdings zeigt sich, daß die verschiedenen, literarisch erfaßten Krankheitsbilder in unterschiedlicher Weise auf Psychopharmaka ansprechen. Wer seinen Jaspers am tiefsten empfunden hat, findet jetzt die stärkste Korrelation zwischen Krankheitsbild und Therapieerfolg. Hier wird das geisteswissenschaftliche Verstehen zum Bestandteil des kausalanalytischen Erklärens.

3. Experiment und Beobachtung

Weniger in der Erkenntnistheorie als im Forschungsstil verschieden sind empirische Wissenschaften, die sich des Experiments bedienen, von solchen, die bloß Beobachtungen machen. Das heroische Eingreifen in die Zusammenhänge bestimmt die Haltung des Experimentators. Dem Astronomen, Historiker, Paläontologen und dem Anatomen bleibt es versagt. Bei oberflächlicher Betrachtung möchte man dem experimentellen Vorgehen den Vorzug geben, weil es in einer sportlichen Weise bei jedem Experiment der Natur die Chance gibt, die gestellte Frage mit Ja oder Nein zu beantworten. Der Forscher exponiert sich, indem er seine Hypothesen klar ausspricht. Er exponiert sich ebenfalls, indem er von einem gelungenen Experiment behauptet, es jederzeit wiederholen zu können.

In Wirklichkeit behauptet natürlich auch der beschreibende Wissenschaftler die Wiederholbarkeit seiner Beobachtungen, wenn die entsprechenden Bedingungen wiederhergestellt werden, und auch er läßt sich von Hypothesen leiten, macht Voraussagen und testet sie: Was hier gefunden wurde (bei einem bestimmten Stern, in einer bestimmten Gesteinsschicht), wird wohl auch anderswo der Fall sein. Mit dem Begriff der Kausalität kann man in diesem Zusammenhang allerdings wenig anfangen, die Korrelationen, die dabei erscheinen, lassen sich nicht ohne weiteres in dem Schema Ursache–Wirkung erfassen. Sterne einer bestimmten Größe haben oft eine bestimmte Farbe, aber über den ursächlichen Zusammenhang ist dabei noch nichts ausgesagt.

4. Kausalität und Teleologie

Ursachen müssen ihren Wirkungen zeitlich vorausgehen, damit sie zu Kausalerklärungen herangezogen werden können. Die Ursache für das Verhalten eines Tieres liegt aber in vielen Fällen offensichtlich in der Zukunft, wenn es einer Katze z.B. um das Fangen einer

Maus geht. Es gibt viele Phänomene in der Biologie, die man viel rascher und einleuchtender erklären kann, wenn man den Begriff des Zwecks zuläßt, als wenn man sich die Beschränkung auf kausalanalytische Erklärungen auferlegt, die in der Physik (und in der Biophysik) selbstverständlich gilt. Dabei ist bei allen Biologen, die ich kenne, »Zweck« immer nur eine abgekürzte Ausdrucksweise für eine komplizierte Aussage, die die Ursache zweckgerichteten Handelns oder zweckmäßiger Strukturen in die Evolution verlegt: Die scharfen Zähne sind zum Beißen da, heißt: Wären sie nicht zweckmäßig, so wären ihre Träger längst schon ausgestorben. Der Gedanke ist älter als Darwin, das Beispiel stammt von Aristoteles.*

Trotz Aristoteles kann man auch heute noch in der Biologie zwei Lager sehen, eines mit Teleologie und ein bloß biophysikalisches. Verwirrend ist es, wenn Vertreter der beiden Anschauungen dasselbe Phänomen jeweils vollständig erklären und dabei ganz aneinander vorbeireden. Auf die Frage: Warum gibt es Augenflecken auf den Schwanzfedern eines Pfaus? kann man sich eine ziemlich lückenlose biophysikalische Antwort ausdenken, in der von Interferenzfarben, von Pigmentzellen und deren Wanderung in der Embryonalentwicklung, von Zellteilungs- und Differenzierungsvorgängen die Rede ist. Dem naiven Naturbeobachter, der die Frage gestellt hat, wäre lieber eine Antwort von der Art: Um beim Radschlagen der Pfauin zu imponieren.

Wir bedienen uns ausgiebig der naiven Anschauung in der Biologie, oft ohne es zu merken, wenn wir zum Beispiel von der Linse im Auge sprechen und damit implizit schon den Zweck dieses Gebildes in unsere biophysikalische Betrachtung eingeführt haben (Palm und Heim, 1978). Auch ich verwende bei der Untersuchung von Gehirnstrukturen ganz bewußt die Vorstellung, daß es sich um informationsverarbeitende Netzwerke handle, die von einem vernünftigen Techniker für bestimmte Zwecke entworfen wurden. Ich habe diese Methode anhand von einigen Beispielen dargestellt (Braitenberg, 1974a).

Wer sich an dem zweckhaften Denken stößt, der kann die beiden Arten von Erklärungen, die kausalen im engeren Sinne und die

---

* Aristoteles, *Physicae Auscultationes*, Buch II, Kap. 8, § 2, zitiert in: Darwin, *Origin of Species*.

teleologischen, auch anders sehen. In dem einen Fall wird die Form eines makroskopischen Dinges, z.B. eines Kristalls, erklärt, indem man sich auf mikroskopische Teilchen, Atome, beruft, deren Interaktionen notwendig die makroskopische Form ergeben. Im anderen Fall, z.B. bei den Zeichnungen auf der Oberfläche eines Fisches oder auf den Schwanzfedern eines Pfaus, wird die Erklärung im Gegenteil aus einem größeren Zusammenhang geholt, aus dem Netz von Beziehungen mit anderen Tieren, in das das Tier in seiner Umwelt eingebettet ist. In beiden Fällen holt man sich die zur Erklärung nötige Information durch eine Änderung des Vergrößerungsmaßstabs: in dem einen Fall in Richtung auf größere räumliche Auflösung, z.B. mit Hilfe eines Mikroskops, im anderen durch Vergrößerung des Gesichtsfeldes, indem man die Umwelt betrachtet. In beiden Fällen werden Gesetzmäßigkeiten einer anderen Größenordnung zur Erklärung herangezogen.

5. *Substanzen und Strukturen*

Auch der nächste Schnitt, den ich sehe, zertrennt nicht Wissenschaftsgebiete, sondern Geschmacksrichtungen innerhalb eines einzelnen Gebietes, z.B. der Psychologie. Ich möchte ihn mit dem Begriffspaar Substanz–Struktur belegen. Beispiel für substanzhaftes Denken: Viele Arbeiten in der Gehirnwissenschaft beschäftigen sich mit der Beziehung einzelner Gehirnabschnitte zu einzelnen Fakultäten der Psyche. In der sogenannten Lokalisationslehre hat man sich meist mit dem Nachweis begnügt, daß die Unversehrtheit eines Gehirnstücks für die entsprechende Funktion, z.B. »Bewußtsein«, »Ausdrucksbewegungen«, »Orientierung«, nötig sei, ohne den Versuch zu unternehmen, die besondere Funktion aus der besonderen Verschaltung der Nervenzellen am entsprechenden Orte zu erklären. Ich glaube sogar, daß diese Arbeiten getragen werden von einem ästhetischen Empfinden, das sich gegen die Auflösung eines intuitiv erfaßten psychischen Phänomens in das schwarz-weiße Schema eines Informationsflußdiagramms sperrt. Die Lokalisationslehre will nicht mehr, als psychische Substanzen in Stücken von Gehirnsubstanz lokalisieren. Wenn sie einen Schritt weiter geht, so versucht sie chemische Besonderheiten an verschiedenen Stellen des Gehirns nachzuweisen, denn dieser Nachweis stört die Vorstellung nicht, daß die Psyche in ihrem Wesen substanzhaft sei.

Die Psychologen der anderen Geschmacksrichtung, die zu strukturhaftem Denken neigen, suchen mit Vorliebe Situationen auf, in denen etwas, was rein intuitiv zunächst »geistig« erscheint, aufgelöst wird in eine komplexe Struktur, ein »Wirkungsgefüge«, wie sie gerne sagen. Telepathie wird erklärt als Folge der Koppelung der beteiligten Individuen durch fast unmerkliche unbewußte Signale: Nuancen der Körperhaltung, der Stimmführung, kleine Bewegungen der Augen und der Hände. Ein anderes Beispiel: Die Zuwendung eines Tieres zu bestimmten Dingen – der Katze zum Vogel, der Fliege zum Lampenschirm – wird als Zusammenspiel elementarer Kräfte, »Reflexe«, erkannt und im Detail verstanden.

Substanzhaftes und strukturhaftes Denken sind nicht dasselbe wie naive Anschauung und wissenschaftliche Analyse. Nicht nur Laien, sondern auch viele Wissenschaftler haben bereitwillig geglaubt, daß man Erfahrung von einem Wurm auf einen anderen übertragen kann, indem man den ersten dem zweiten verfüttert. Der Wunsch, daß »Erfahrung« eine Substanz sei, hat die Gläubigen übersehen lassen, daß diese chemische Theorie des Gedächtnisses viel mehr Fragen aufwirft, als sie zu beantworten vorgibt.

Mir scheint, daß die Trennung von substanzhaftem und strukturhaftem Denken keine Zeiterscheinung ist. Ich kann ihre Wurzeln bis in die Urzeit der Philosophie zurückverfolgen. Der Buddha der frühesten Tradition, Empedokles, Anaxagoras, Aristoteles, Thomas von Aquin sind von einer strukturhaften Interpretation der Psyche durchdrungen. Der Buddha der landläufigen Buddhisten, Heraklit, Platon, Augustinus, Descartes hängen an der Vorstellung einer substanzhaften Seele.

6. Quantitativ, qualitativ

Um den Schnitt, der quantitative von bloß qualitativer Forschung trennt, ist mit Recht viel Aufhebens gemacht worden. Das moralische Übergewicht der Physik über alle anderen Wissenschaften beruht sicher darauf, daß man in der Physik vor ein paar Jahrhunderten beschlossen hat, alle Aussagen dem strengen Test der Messung, dem Vergleich mit der Wirklichkeit zu unterwerfen. Wenn nur Aussagen zugelassen werden, die so formuliert sind, daß sie das Ergebnis einer bestimmten Messung voraussagen, so kann man aus der Abweichung der Voraussage von der Messung ein Maß für die

Wirklichkeitsferne der Theorie gewinnen. Wichtig ist, daß die Verringerung dieses Maßes Fortschritt bedeutet: Die Physik ist gesichert vor dem zyklischen Wiederauftreten sich widersprechender Theorien, das man in anderen Wissenschaften beobachtet.

Auf daß die Theorie quantitative Voraussagen ermögliche, muß sie mathematisch formuliert sein. Eine große Menge physikalischer Beobachtungen läßt sich mit Präzision in knappen mathematischen Formeln ausdrücken. Das gibt uns das Gefühl, daß Mathematik die natürliche Beschreibung der Natur sei. Man versucht also, wo immer es geht, mathematische Formelsprache in der Naturbeschreibung einzuführen, in der Hoffnung, ebenso einfache, klare Gesetzmäßigkeiten zu entdecken wie in jenen Gebieten, die unter dem Namen Physik zusammengefaßt sind.

In vielen Fällen geht das schief, weil die Größen, die in die Theorie eingehen, schlecht gewählt oder undefinierbar sind, weil es deren zu viele gibt oder weil die mathematischen Hilfsmittel fehlen. Aus dieser Erfahrung haben verschiedene Leute Verschiedenes abgeleitet: erstens, daß für manche Wissenschaften (z. B. für die Psychologie) die quantitative Beschreibung nicht geeignet ist, zweitens, daß man sich in einer Vorphase vor der eigentlichen Formulierung der Theorie befindet, die dann aber auch eine quantitative sein wird. Ich neige zur zweiten Auffassung, was meine Wissenschaft anbelangt. Ich bediene mich einer intuitiven, vergleichend beschreibenden Methode mit einem offenen Auge für quantitative Zusammenhänge, die später vielleicht Bestandteil einer Theorie werden können.

Voreilige mathematische Formulierungen können die Erstellung einer korrekten Theorie allerdings zurückhalten. Dasselbe gilt für allzu vereinfachende Experimente, wenn noch so sorgfältig gemessen wird. Zuerst muß beschrieben, klassifiziert, verglichen werden.

Beispiele aus der Gehirnwissenschaft: Die Histologie des Nervensystems von Ramon y Cajal (1911) hat vermutlich mehr zum Fortschritt der Neurophysiologie beigetragen als irgendein anderes Werk. Sie enthält einen vorzüglichen Text und zahlreiche Bilder, aber kaum eine Zahl. Cajal hat die Neuronentypen physiognomisch definiert, an denen später Messungen gemacht wurden. Ein anderes Beispiel: Die Kodierung der optischen Umwelt in den Neuronen der Retina oder der Gehirnrinde ist erst verstanden worden, nachdem man ein ganzes Arsenal von bizarren Formen als optische Reize verwendet hat. Vorher hatte man mit sauberen, quantitativ beschreibbaren Reizen gearbeitet. Die meisten Neuronen zeigten sich den physikalisch wohldefinierten Reizen gegenüber ganz uninteressiert.

7. Wahr oder falsch gegenüber »tertium datur«

Es gibt Wissenschaftler, die behaupten, nur solche Aussagen zu produzieren, die entweder wahr oder falsch sind. Eine dritte Möglichkeit, die man ja aus dem gewöhnlichen Sprachgebrauch auch kennt, nämlich daß die Aussage unbestimmt, unverbindlich, widersprüchlich bleibt, wird ausgeschlossen: »tertium non datur«, zitiert man gerne. Solche harten Aussagen kann man zu logischen Systemen verknüpfen, nach den bekannten Regeln des Aussagenkalküls.

Es gibt aber auch andere Wissenschaftler, die es ohne weiteres gelten lassen, wenn ein Kollege einen Satz behauptet (z.B. »Die Dodekaphonie ist eine konsequente Weiterentwicklung der Spätromantik«) und ein anderer die Negation desselben Satzes (»Die Dodekaphonie war ein revolutionärer Schritt, ihr Wesen ist die radikale Ablehnung der spätromantischen Musik«). Die Bewertung solcher Aussagen ist, in dieser Art von Wissenschaft, von der Bewertung dazu widersprüchlicher Aussagen ganz unabhängig.

Ich habe diesen Schnitt mit Absicht abgerückt von dem, der Geisteswissenschaften und Naturwissenschaften trennt. Er ist schärfer, radikaler, trennt nicht nach Forschungsobjekten, sondern nach den verschiedenen Absichten der Aussagen: in einem Falle die Absicht, zum irreversiblen Wachstum unseres Wissens über die Welt beizutragen, im anderen die Absicht, beim Hörer einen bestimmten momentanen Zustand zu erzeugen, eine Stimmung, die bald durch eine andere ersetzt werden kann, ähnlich wie beim Anhören eines Musikstücks oder eines Gedichts. So wie der erste, der philosophische Schnitt, zertrennt auch dieser Schnitt nicht Wissenschaften, sondern unterscheidet zwischen Wissenschaft und anderen Ausdrucksweisen: zwischen einer Ars ratiocinandi und einer Ars amandi.

Schluß

Es war mir daran gelegen, mit diesen Gedanken das Schema: hier Kausalanalyse, dort Morphologie, zu relativieren. Ich habe zwei Gründe dafür. Erstens weiß ich aus eigener Erfahrung, daß bei einer vitalen, sich noch in der Entwicklung befindenden Forschung vorgefaßte erkenntnistheoretische Kategorien eher stören. Wo es noch viel Information zu gewinnen gilt, bedient man sich aller möglichen Methoden und hofft, daß einem die Wissenschaft, die man betreibt, selbst den richtigen Schlüssel zu ihrer Entschlüsselung zuspielt. So haben die Physiker z. B. von der Physik (nicht von den Philosophen) gelernt, daß ein zu eng gefaßter Kausalitätsbegriff in die Irre führt.

Zweitens fürchte ich, daß man, indem man sich für die mehr globale Anschauungsweise der Morphologie einsetzt, den Eindruck erweckt, als hätte die Physik mit ihrem Kausaldenken ausgespielt. Dieser Eindruck wäre schädlich. Es ist sicher richtig, daß die Methoden der klassischen Physik, ursprünglich abgeleitet von einer für die Berechnung von Planetenbahnen geeigneten Mathematik, oft bei den komplexen Problemen, die uns interessieren, versagen. Es wird vielleicht auch noch lange dauern, bis die für die Psychologie geeignete Mathematik entwickelt ist – von den Vorsokratikern bis zur Erfindung der Infinitesimalrechnung ist auch viel Zeit vergangen. Diejenigen, die am irreversiblen Fortschritt des Wissens interessiert sind, werden sich aber weiterhin an der Berufsethik der Physiker orientieren. Physik ist nicht, oder höchstens auf der Beschreibungsebene eines Vorlesungsverzeichnisses, eine unter vielen Detailwissenschaften. Sie ist die Verbindung der reinsten, der mit dem größten Ernst betriebenen Geisteswissenschaft (der Mathematik) mit der schärfsten, der sorgfältigsten Naturbetrachtung. Dieses Rezept wird sich weiterhin in den verschiedensten Anwendungsbereichen bewähren.

Literatur

Braitenberg, V.: *Gehirngespinste. Neuroanatomie für kybernetisch Interessierte.* Berlin–Heidelberg–New York: Springer 1973.

Braitenberg, V.: *Thoughts on the cerebral cortex.* J. theor. Biol. 46, 421–447, 1974a.

Braitenberg, V.: *On the representation of objects and their relations in the brain.* In: Lecture Notes in Biomathematics 4, M. Conrad, W. Güttinger und M. Dal Cin (eds.), Berlin–Heidelberg–New York: Springer pp. 290–298, 1974b.

Darwin, C.: *On the origin of species by means of natural selection. On the preservation of favoured races in the struggle for life.* London: John Murray 1859.

Helmholtz, H.: *Die Lehre von den Tonempfindungen.* Braunschweig: Vieweg und Sohn 1863.

Jaspers, K.: *Allgemeine Psychopathologie.* Heidelberg: Springer 1913.

Palm, G., und Heim, R.: Introduction. In: Lecture Notes in Biomathematics 21, R. Heim und G. Palm (eds.), Berlin–Heidelberg–New York: Springer 1978, pp. 1–2.

Ramon y Cajal, S.: *Histologie du système nerveux de l'homme et des vertébrés.* Paris: Maloin 1911.

Roederer, J. G.: *Physikalische und psychoakustische Grundlagen der Musik.* Heidelberg: Springer 1977.

Wiener, N.: *Cybernetics.* New York–London: The M.I.T. Press und John Wiley and Sons, Inc. 1961.

DAS ANDERE HÖHLENGLEICHNIS

oder

Die ewigen Zeitgenossen

Daß mir keiner dieses Loch betrete. Ruhe, hier wird philosophiert. Was? Ihr auch? Daß ich nicht lache. Wie? Was gehn mich eure Tagesthemen an. Mir tönt die Aufregung immer gleich!

Die Herren draußen vor der Höhle standen eine Weile verdutzt. Der, der so gesprochen hatte, war schnell in der Finsternis verschwunden. Die Herren berieten sich, dann schob der erste das Gezweig weg und bückte sich in den Eingang zur Höhle, dann die anderen hinterher. Über das glitschige Tropfsteingelände, der eine mit entblößten Sockenhaltern, der andere mit seinem Straßenanzug knietief im Wasser, die hinteren an den vorderen sich festhaltend, die vorderen blind fuchtelnd, um ihre Köpfe vor den tropfenden Stalaktiten zu schützen, bewegten sie sich, vorbei an den quasselnden Grottenolmen, langsam in die Tiefe. Bis ihnen der erste frohe Schimmer von vorne den Weg wies, dann der Sonnenschein auf dem Gebüsch, wo sich die Höhle öffnete in eine Landschaft von schier unbeschreiblicher Süße. Eine Lichtung, eine Mulde von grünem Gras, besät mit gelben Blumen, rechts Reben und Ölbäume auf einem Hügel, der über Felsen und Ginsterstauden zum Meer hin abfiel, links auf dem Hang buschige Föhren, hinauf auf den hohen Berg, dessen Gipfel kalkig von einem astronomisch blauen Himmel abstach.

Während sich die Herren die Schuhe auszogen und sich niederließen, um Socken und Hosen in der Sonne trocknen zu lassen, wurden sie einer Gesellschaft gewahr, die sich auf der Wiese vor ihnen ausgebreitet hatte. Es waren Männer verschiedenen Alters und ganz unterschiedlicher Kleidung, schöne reife Frauen, entzückende Gestalten von Jünglingen und Mädchen, teils zu Füßen der älteren, teils im Spiel um sie herum bewegt.

Einige der Leute auf der Wiese waren den Herren persönlich bekannt, manche erkannten sie, weil sie ihre Porträtbüsten in den Museen gesehen hatten, andere waren aufgrund von überlieferten Anekdoten zu identifizieren. So war leicht zu erraten, daß die goldenen Sandalen, die hell in der Sonne glitzerten, an keines anderen

Füßen baumelten als an denen des lang auf einem Liegestuhl hingestreckten Freiherrn Prof. Dr. Empedo v. Cles. Ebenfalls, wer je ein Rind gesehen hatte, das vom übermäßigen Fraß feuchten Klees gebläht auf dem Rücken im Gras liegt, alle viere von sich gestreckt, die ungeheure Kugel des Bauches hilflos über sich in der Schwebe haltend, der mußte bei einem der Männer, der dort auf der Wiese lag, sofort an den »heiligen Ochsen« denken, wie er in Fachkreisen bekannt ist, den berühmten, beleibten Dr. Tom Aquino, Weltmann aus den neapolitanischen Bergen und Professor auf allen bekannten Universitäten. Und Sid Gautama, der Kalifornier aus dem indischen Hügelland zu Füßen des Himalaja, der da mit einem weißen Hemd bekleidet ohne die Hilfe von Sitzgeräten bequemer als andere und doch aufrecht am Boden saß, war schon wegen dieser charmanten Sitztechnik, tausendfach auf Plakaten dargestellt, für alle leicht zu erkennen. Welcher erlauchten Gesellschaft sie da begegnet waren, wurde den Herren, die schweigend in der Sonne trockneten, jedoch erst nach und nach bewußt, als sie begannen, den Gesprächen zu lauschen, und dabei die Helden der Geisterwelt einer nach dem anderen zu Worte kamen.

Herr Kollege Stagirer, sagte Norbert Wiener mit der dicken Brille, den feuchten dunkeln Toscanostumpen zwischen den Fingern vor dem Mund haltend, mir ist das alles ein bißchen zu trocken.

Sie dürfen mich gern Ari nennen, erwiderte Stagirer, ein adrettes Männchen im dunklen Anzug und mit Ringen an den Fingern, das auf einem Baumstrunk saß in einer Haltung, als wäre es gebeten worden, das ganze meeting zu chairen, und fügte hinzu: Es kann kein Satz wahr oder falsch sein, außer wenn er mit anderen Sätzen in Konjunktion steht.

»Das klingt ja fast wie gewisse Positionen der Prä-Postmoderne«, flüsterten die Herren mit den nassen Socken und blickten einander an.

Da mischte sich eine andere Stimme ein: Und damit ist die ganze Geschichte doch wieder eine Sache des Geschichtenerzählens geworden, nur sind eure Geschichten, die ihr die Physik nennt, völlig ohne Qualität, so schrecklich eintönig aufeinanderbezogen.

Prof. Stagirer überhörte diese Bemerkung, die von einem Mann in einer Lederjacke kam, der, auf dem Boden ausgestreckt, mit einem Schraubenzieher und einem öligen Lappen den größten Teil seiner Aufmerksamkeit einem Motorrad zu widmen schien. Ist das nicht klar genug, fuhr Stagirer fort, ich dachte, Sie, Herr Kollege Wiener, hm, Norbert – darf ich Norbert sagen? – Sie hätten damit keine Schwierigkeiten.

Wiener zog an seinem Toscano und sagte dann: Ich weiß, ich weiß, die Logik als die andere Seite der Physik, gerade so wie meine Seele als die andere Seite meines vergänglichen Leibes, mein Volkswagen als das formale Prinzip, das bestehen bleibt, wenn ich nach dem Austauschmotor auch noch eine Austauschkarosserie erstanden habe. Ein bißchen unheimlich bloß, wie Sie das machen, dieses Spiel mit Form und Materie, quer durch die ganze Philosophie, wo führt das hin, nach oben wohl zum lieben Gott als dem letzten formalen Prinzip und nach unten zum formlosen Stoff – ich weiß nicht, jeder Witz sollte irgendwo einen Anfang und ein Ende haben.

»Eine postmetaphysische Haltung«, murmelten die lauschenden Herren.

Ist doch dasselbe, warf jetzt Herr Aklitt ein, den vergeblichen Versuch, seine Pfeife mit einem lodernden Feuerzeug in Brand zu stecken, unterbrechend. Der Gott und die Materie, der Anfang und das Ende von einem Witz.

Die Bemerkung fiel ins Leere, das alsbald erfüllt wurde von der kräftigen Stimme des heiligen Ochsen dort am Boden: Vee must asserrt that the intelleckett vich eez the printschipel ov the intelletschual operation eez the forrm ov the yuman body.

Stagirer warf ihm unbewegt einen schrägen Blick zu, aber Aquino fuhr fort: Man understands beecoth the intelletschual operation eez 'iz forrm.

Klar, Mann, bemerkte Dr. Parmeni desinteressiert aus dem Hintergrund, der Witz ist doch ein anderer: For the same things can be thought as can be.

Denkste, sagte der Mann unter dem Motorrad, ich kann viel mehr denken, als du glaubst.

»Nicht zu glauben«, sagten die Herren im Gebüsch. »Die wissen wohl gar nicht, daß der Positivismusstreit eine längst abgetane Sache ist.«

Da schwiegen auf einmal alle, denn es hatte zu sprechen begonnen einer, der die ganze Zeit ruhig auf seinem Schemel gesessen hatte, eine Zither auf den Knien, eine weise Frau an seiner Seite und einen Kranz von Schülern um sich herum: der Rev. Peter Goras mit dem silbernen Haar, und er sprach diese Worte: ...denn wahrlich sage ich euch, daß die Gesetze der Physik aus denselben geometrischen Figuren entspringen wie die Zahlen, in denen wir sie ausdrücken – hier zupfte er auf einer Saite seiner Zither zweimal Flageolett, einmal die Oktave und dann die Quinte darüber – die ganzen Zahlen aus den heiligen Polygonen und die anderen, die ihr irrational nennt, meinetwegen, aus dem Kreis, die Ludolf, um mir zu huldigen, mit dem ersten Buchstaben meines Namens bezeichnet hat.

Aber da haben Sie doch eine gewisse Schwierigkeit mit 137, der Sommerfeldschen Feinstrukturkonstante, sprach Norbert Wiener leise lächelnd.

There you got a point, konzedierte der Reverend.

Die Herren ohne Socken am Rande der Lichtung schüttelten ihre Köpfe. »Das Problem des Seins ist doch bei Heidegger gelöst«, flüsterte einer von ihnen, »wie auch immer das Seiende ausgelegt werden mag, ob als Geist oder Stoff, ob als Substanz, ob als Subjekt oder sonstwas, immer erscheint das Seiende als Seiendes im Lichte des Seins.«

Und es meldete sich Empedo von Cles auf seinem Liegestuhl mit baumelnder Goldsandale, die Arme hinter dem Kopf verschränkt: Alle Dinge, alle Wesen haben ihren Ursprung in der Kombination der Elemente, aus denen sie bestehen, und wenn die Elemente auseinanderfallen, so sind die Dinge nirgendwo, die Elemente aber haben ewigen Bestand, ob ihr sie nun Atome nennt, ob Quinten oder Oktaven oder 137. Glotz nicht so, verehrungswürdiger Reverend, sondern öffne die Augen des Geistes und bestaune sie, die die Elemente vereint, die Liebe, die auch die Menschen vereint, denn durch sie vollenden sie das Werk der Paarung, Wonne nennen sie sie dann, oder Aphrodite, und es wächst durch sie ein einziges Sein aus mehreren zusammen, bis es wieder mehrere werden aus einem: denn die Dinge scheiden sich voneinander durch den Haß des Streites und vereinen sich durch die Macht der Liebe.

Kein Wunder, sagte Pirsig, der Mann mit dem Motorrad, der jetzt seine Finger mit dem öligen Lappen putzte, daß die jungen Deutschen, die jetzt die Philosophie wieder fördern, die Liebe auf ihrem Briefkopf haben.

Die Liebe, die Liebe, durch sie vollenden wir das Werk der Paarung ... sangen nun die Jungen, und einige von den Älteren schlossen sich ihnen an. Wie gescheit muß man sein, um zu philosophieren, fragte einer, der ein süßes lockiges Köpfchen unter seiner Achsel eingeklemmt hatte und mit ihrem Busen zart Ball spielte. Nicht so gescheit wie zum guten Leben, antwortete ein alter Bart. Wie gescheit war Einstein? Er hat einen Blaustrumpf geheiratet und war damit nicht glücklich.

Euryoros, der Mann, dem die Herren in die Höhle gefolgt waren, kniete unter den Tanzenden und spielte die Geige zu ihrem Gesang. Ich die Geige? rief er. Es geigt mich, es geigt sich. Keiner geigt mit der Kraft seines Wollens. Etwas, das größer ist als ich, zieht den Bogen mit einem unsichtbaren Faden, auf und ab, und mein Arm folgt mit der Grazie des Geführten. Euryoros, ein Mystiker du? fragte eine, die in seiner Nähe tanzte. Nein, bloß einer, der die Physiologie der Bewegung verstanden hat.

In seinem kunstvollen Sitz auf den eigenen Füßen aufrecht unbeweglich lächelte Sid Gautama zu diesen Worten. Er wandte seinen Kopf zu Aquino, der immer noch auf dem Rücken lag. Tom, sagte er, gib's zu, das hast du nicht verstanden, du mit deinem System, das oben im Himmel endet und unten unter der Erde, du dazwischen immer auf der Lauer nach den Signalen von oben und auf der Jagd nach dem Bösen, das von unten kommt. Hier der Geiger, hör ihm zu, sein Lied heißt Anatta, er hat die Seele überwunden, er ist ein sich Fügender, er ist ein Gegebener, er hört, was er tut, und tut, was er hört, und ist fröhlich.

I think this eez not science, sagte Aquino, etwas unruhig das Gefäß seiner Seele hin und her bewegend.

»Eine Legitimationskrise aus der konstitutiven Angst der derzeitigen philosophischen Situation«, diagnostizierten die Herren, jetzt die Socken auf ihre Trockenheit prüfend und einer nach dem anderen wieder hineinschlüpfend.

Gautama lächelte friedlich. Sag, Tom, deine Füße liegen im Süden, dein Kopf im Norden, sag mir, wo ist der Osten?

Das weißt du wohl besser, Sid, der Osten ist rechts.

Schmarren, versetzte Gautama, jetzt liegst du schon die ganze Zeit auf dem Boden und bist immer noch nicht eins mit der Erde, fühlst nicht die Wirklichkeit und antwortest nach der Theorie einer Landkarte, die du in der Schule gelernt hast. Wenn du auf dem

Rücken liegst, ist der Osten links. So zeichnet man in meinem Land die Karten. Bei uns hat man diesen Gottkomplex nicht. Wir liegen nicht bäuchlings auf der Erde, um sie zu beherrschen, wir sind Erde.

Warren McCulloch, der schmale Riese, saß im Gras, turmhoch die Knie, und grinste aus seinem hellen Augenpaar. Er streckte seinen Arm, um auf etwas zu weisen. Die Jungen um ihn herum schauten auf seinen langen Finger. Wenn ich euch etwas zeige, sprach er, sollt ihr dorthin schauen, nicht auf den Finger.

Man schaute in die Richtung des Berges, wo sich die Höhle öffnete. Die Herren, die so lange gelauscht hatten, waren verschwunden.

Die werden auf dem Rückweg schon wieder nasse Socken kriegen, sagte der Mann in der Lederjacke, auf sein Motorrad gelehnt.

Zitate aus

W. Capelle (Hrsg.), *Die Vorsokratiker*. Stuttgart: Kröner 1963.

M. C. Nahm: *Selections from early Greek philosophy*. New York: Meredith 1964.

Aristoteles, *Organon*. Hrsg. G. Colli. Torino: Giulio Einaudi 1955.

Anton C. Pegis (Hrsg.), *Introduction to Saint Thomas Aquinas*. New York: The Modern Library, Random House 1948.

M. Heidegger, *Was ist Metaphysik?* Frankfurt: Vittorio Klostermann 1969.

Die Zitate von Warren McCulloch und Norbert Wiener sind persönliche Erinnerungen.

Den Hinweis auf die Orientierung alter fernöstlicher Landkarten verdanke ich Herrn Prof. Temesvary, Tübingen.

SUMMA

Was ist Philosophie?

»You know what my philosophy is? My philosophy is: philosophy is for the birds.« So sagte ein Student in Princeton zum anderen. Zu deutsch: »Soll ich dir sagen, was meine *Weltanschauung* ist? Meine *Einstellung* ist: *akademische Philosophie* ist für die Katz.« Drei der schillernden Aspekte der Philosophie in einem Satz vereint. In meinem mentalen Archiv finde ich noch einige andere. Philosophie: Nackedei unter den Wissenschaften. Philosophie: Der Versuch, die Probleme zu lösen, die es nicht gäbe, gäbe es die Philosophen nicht. Philosophie: Die Frage, die die Wissenschaft als ihre Antwort rechtfertigt. Philosophie: Was offenbleibt, wenn die Physik fertig ist. Philosophie: Was die gemeinsam haben, die sich verstehen. Philosophie: Was die nicht haben, die ohne Religion verkommen. Philosophie: Das Auge, das dem äußeren und dem inneren Auge auf die Finger schaut. Das Bild aller Bilder, das letzte Bild.

Ich und die Philosophen

Meine Frage ist: Was soll ich unter den Philosophen? Ich mit meinem ungeschulten Denken. Mir gelingen keine philosophischen Texte, höchstens einzelne Visionen. Ich fürchte, daß keine darunter ist, die ein anderer nicht auch schon, in einem großen Zusammenhang, ausgedrückt hätte. Aber meine Visionen genügen mir, um mich bei den Philosophen, als Zaungast, wohlzufühlen.

Ich suche unter den Philosophen jene auf, die mit mir über dies einig sind: Nicht das Wortspiel, sondern das Denkspiel rechtfertigt das Reden. Das sind beileibe nicht alle. Auch nicht alle meine Kollegen Wissenschaftler.

Es hat eine Zeit gegeben, da gelüstete mich nach philosophischen Texten, unter denen ich einen zu finden hoffte, der als Weltanschauung alle anderen Weltanschauungen als Spezialfälle enthielte. Ich habe keinen gefunden. Mir dämmerte, daß Toleranz gegenüber anderen Menschen weniger eine Frage der umfassenden Gesamtschau ist als der gewöhnlichen Freundlichkeit. Aber ich habe die Hoffnung noch nicht aufgegeben. Mittlerweile habe ich gelernt, mein eigenes Denken als Spezialfall zu betrachten, und fühle mich selbst auf Toleranz angewiesen.

Meine Philosophie

Ich bin mit meiner Weltanschauung zufrieden. Hier ist sie:

1. Physik: Alle Substanzen existieren, sofern sie existieren, in ein und derselben Weise. Aller Geisterglaube ist des Teufels.

2. Psychologie: das Geistige als Struktur verstehen. »Ich bin« ist dasselbe wie »er lebt«, nur von einem anderen Standpunkt aus. »Wir sind« ist ein freudigerer Ausgangspunkt für das Gespräch: er bedarf des Spiegels im »sie leben« nicht.

Im Sachwortverzeichnis des Buches *Consciousness and the physical world* von Josephson & Ramachandran steht unter dem Stichwort »I«: »see self«. Self steht aber nicht im Sachwortverzeichnis.

3. Erkenntnistheorie. Das Gehirn ist in der Welt, und die Welt ist im Gehirn. Das Zirkuläre dabei ist Garantie für die Lebendigkeit der Beziehung (ob wir sie verstehen oder nicht).

Die Welt ist groß, und das Gehirn ist klein: Die Welt im Hirn ist skizzenhaft, komprimiert, muß gedeutet werden.

4. Theologie. Ich bin mit dem lieben Gott auf du und du. Ich glaub ihm alles. Wir verkehren miteinander durch das Mikroskop.

Praktische Theologie: Der liebe Gott mordet langsam. Er gibt dir Zeit.

5. Ethik. Lust erzeugen. Aber zum Erzeugen gehört Lust. Bei der Lust fängt alles an. Die Lust war vor dem Menschen da. Wir sind bestenfalls Lustvermehrer. Lustlosigkeit, Depression ist Sünde.

Umgang mit Menschen und Tieren: Für den Homo sapiens gelten besondere Bestimmungen. Siehe §§... des Strafgesetzbuchs.

Im übrigen: So zu leben, daß sich die Geschichte zu erzählen lohnt.

6. Ästhetik: Geht nur mich an.

Ist es genug? Danke für die Aufmerksamkeit.

DAS ENTWICKELN VON BILDERN

Autosemibiographie

Bozen (Bolzano) ist eine von Nachkommen mesopotamischer Bauern besiedelte Stadt im Herzen Europas. Diese sind zu verschiedenen Zeiten auf verschiedenen Umwegen in den Bozner Talkessel gelangt und haben dort eine reizvolle Mischung von Körperbautypen und von Varianten der gemeinsamen Ursprache zusammengebracht. Die Gründe, die sie bewogen haben, ausgerechnet an diesem Ort, eingeklemmt zwischen hohen kugeligen Bergen zu siedeln, mögen verschieden gewesen sein und waren längst vergessen, als ich, Sproß ihrer Mischung, in einer schmalen Gasse mitten in der Stadt im zweiten Stock eines langgestreckten Privathauses von der drohenden Erstickung, die meiner Untätigkeit gefolgt wäre, gezwungen wurde, den ersten Atemzug zu tun.

Meiner Geburt waren günstige Vorzeichen vorausgegangen. Ein Uhu zerriß die Fesseln, die ihm der Wild- und Geflügelhändler Botter am Obstmarkt angelegt hatte, durchflog, geblendet von der sommerlichen Sonne, die schmale Gasse, zerschmetterte das Fenster in einem vorspringenden Teil unseres Hauses und setzte sich auf die hölzerne, eingelegte Wiege, die für mich bestimmt war. Hätte meine Mutter damals auf meinen Vater gehört, der den Vorfall als Orakel, den Uhu als Boten Athenas und als Symbol der Weisheit verstand, so wäre vielleicht alles anders gekommen. Sie aber legte mich Neugeborenen in ein modernes Bett aus Eisen und Spagat, und die eingelegte Wiege verwendete sie als Blumenständer. Der Vater trug den Uhu, den Boten Athenas, zurück zum Botter. Die Diskussionen, die später darüber geführt wurden, haben meine Einstellung zu den Mythen des klassischen Altertums geprägt.

Zunächst verlief alles programmgemäß. Am Ende des ersten Lebensjahres durchlief ich glücklich eine Lallphase und wurde dann, eim Übergang in die Phase des Nachlallens auf ein Inventar von tirolischen Phonemen festgelegt. Diese färben auf eigentümliche Weise alle Sprachen, die ich auf meinen Wanderungen erlernt habe, doch täuscht meine gepflegte Syntax in den meisten Fällen über den Eindruck hinweg, daß ich ein Tiroler sei.

Unser Haus hatte ein Kaufmann jüdischen Geblüts, welches damals schon verwässert, getauft und mit Ritterblut vermischt war, im 17. Jahrhundert aus drei Bürgerhäusern und einem halben Schlößchen an der Stadtmauer zusammenbauen lassen. Er hat es mit einer seriösen, sparsamen Fassade versehen, die die Lebenslust der Bewohner heute noch vor Neid, Mißgunst und Argwohn abschirmt. Unser Garten grenzte an den der nicht weniger munteren Franziskanerpater. Es war eine Freude, im Wechsel der Jahreszeiten das Treiben der Patres und Fratres bei ihrem Verdauungsspaziergang im Garten zu beobachten, wie sie Fangen spielten oder mit Schneebällen warfen oder einfach auf den Wegen zwischen den Beeten sich der keimenden Natur erfreuten. Eine heimliche Sehnsucht nach dem heiteren Klosterleben ist seither in meinem Inneren lebendig geblieben, doch ist es fraglich, ob ich das damals alles richtig verstanden habe. Immerhin verdanke ich meine Einstellung zum Höheren, wenn nicht den Patres, so doch der Franziskanerkirche, die, weit höher als unser Haus, die andere Begrenzung des Gartens bildete. Das hat folgende Bewandtnis.

Die Einwohner dieser Gegend sind mehr als die Einwohner der Ebenen geneigt, den Fortgang der Menschheit und der Erde anderen zu überlassen. Man versteht das, wenn man diese Landschaft kennt, mit ihren Bergen, die alles überragen, was Menschenhand gebaut hat, mit ihren Einschnitten, die die mühseligen Wege des Menschen bestimmen. Wie anders entwickelt sich das Kind ebener Landschaften, dessen Auge dankbar an Telegraphenmasten, Kirch- und Fernsehtürmen, Fabrikgebäuden hängenbleibt, die hier und dort den Horizont verzieren und die dem Menschen früh versichern, daß er gestaltend in die Natur eingreifen kann. Es mag mit dem Gefühl der Ohnmacht angesichts der alles überragenden Berge zusammenhängen, daß die Namen berühmter Tiroler auf den Seiten der Konversationslexika nur sehr dünn gesät sind und daß es die Büsten von Kurvorstehern und Kalenderschriftstellern sind, die in den Alpenländern die Gärten und Promenaden verzieren. Ausnahmen bestätigen die Regel: der ohne Zweifel berühmteste Sohn der Heimat, Walt Disney, Schöpfer von Mickey Mouse – seine Mutter, geborene Call, war Überetschnerin –, ist in der amerikanischen Ebene aufgewachsen. Tiefe Dankbarkeit erfüllt mich im Gedanken an den Turm der Franziskanerkirche, der, von unserem Garten aus gesehen, perspektivisch weit höher als die Berge in den Himmel stach und so in mir wenigstens als optische Täuschung den Sinn fürs Höhere weckte. Und dieses Höhere war von Menschenhand gemacht, wenn auch nach dem Entwurf eines offenbar einfältigen Architekten. Bezahlt wurde das Bauwerk, soviel ich weiß, von einem florentinischen Handelsmann. Warum, weiß ich nicht.

Aber auch in die Tiefe zu forschen bot unser Garten Gelegenheit. Mit einer blechernen Schaufel, die ich besaß, grub ich im Frühling aus der dampfenden Erde Regenwürmer aus. Mit der scharfen Kante dieses Instruments zerschnitt ich die Würmer in ungefähr gleich lange Teile. Ich verdanke diesem Experiment die Erkenntnis, daß ein halber Wurm ein Verhalten zeigt, das von dem eines ganzen kaum zu unterscheiden ist oder, allgemeiner, daß das Leben stärker ist als der Versuch, es durch analytische Eingriffe zu zerstören. Anders ausgedrückt: daß das Unzertrennliche, zertrennt, überleben kann. Aber auch: daß Leben an gewisse materielle Mindestmaße gebunden ist. Zerschneidung des Wurmes in 4, 8 etc. Teile führte zu keinen brauchbaren Ergebnissen mehr.

Mit der frühen Erziehung, die ich in meinem Elternhaus genoß, verbindet mich heute nur mehr wenig. Man legte Wert darauf, daß alles gegessen wurde, was auf dem Teller war. Als Zusatzernährung bekam ich täglich Lebertran suppenlöffelweise. Mein Vater sagte damals gerne: Der Wille muß gebrochen werden. Später klagte er öfters: Ihr habt keine Willenskraft, und meinte mich und meinesgleichen. Aber zunächst ging es um das Brechen des Willens. Als bekannt wurde, daß ich Eingeweidewürmer enthielt, verabreichte man mir auf Anraten des Arztes wiederholte Gaben von warmer Milch, in der einige Knoblauchzehen mitgekocht worden waren. Die Erinnerung an dieses Getränk hat meine spätere Einstellung zur französischen Küche sehr beeinflußt. Auch wurde mir der Kinderarzt zunehmend unangenehmer. Dieser Mensch hatte eine rauchigölige, selbstsichere Art zu reden, die den Frauen gefiel, doch hab ich von einem seiner Altersgenossen erfahren, daß er im Gymnasium ein recht schwacher Schüler gewesen war. Der Kinderarzt kümmerte sich auch später noch um mich, indem er die deutsche Militärbehörde darauf aufmerksam machte, daß ich mich zur Zeit des großen deutschen Krieges seiner Meinung nach zu Unrecht als Zivilist herumtrieb. Dieser ganze Erinnerungskomplex trübt mein

Verhältnis zu einer gewissen Art von Tirolertum, das damals den deutschen Geist und auf diesem Umweg das weltpolitische Geschehen auf unangenehme Weise bestimmte.

Unsere Wohnung hatte einen langen Gang, an dessen einem Ende die Küche, am andern die Haustür war. Vormittags klingelte es manchmal. Dann trocknete sich die Babi, unsere Köchin, die Hände an ihrer Schürze, lief durch den Gang und öffnete. Manchmal waren es feine Herren, vornehm wie Greise, die ihre Visitenkarte mit einem geknickten Ohr der Babi überreichten. Manchmal waren es Bettler. Dann schloß die Babi die Tür, ging zurück in die Küche, holte ein Stück gestriges Brot aus einer besonderen Schublade hervor, ging wieder an die Tür, öffnete sie, gab das Brot dem Bettler, schloß die Tür und begab sich zurück an ihre Arbeit. Das Brot aber fand sich oft auf dem Treppenabsatz wieder, wo der Bettler, der die Gottesgabe zwar ehrte, aber in dieser Form nicht gebrauchen konnte, es behutsam abgelegt hatte. Solche Beobachtungen prägten früh meine Einstellung zu sozialen Fragen.

Eine Betrachtung über die Wirkung von Landschaften auf die frühe Entwicklung von Menschenseelen wäre nicht vollständig ohne die Erwähnung Oberbozens. Der Ritten, dieser Rücken zwischen drei tiefen Tälern, ist dadurch ausgezeichnet, daß er sich nicht wie die anderen Berge des Alpenlandes in schroffe, oft eisige und umwegsame Felsen fortsetzt, sondern es bei seiner Eigenschaft als Rücken bewenden läßt, von dem aus sich die Silhouetten der fernen Dolomiten auf der einen Seite und der Schneeberge auf der anderen gar manierlich ausnehmen. Den Bewohner Oberbozens überkommt die Lust nicht, die Spitzen felsiger Erhebungen zu erklimmen, die er sich auf grausame Weise erkaufen müßte, indem er zuerst in tausend Meter tiefe Schluchten hinabstiege. Früh ahnt das Kind, daß das Höhere nicht gleich dem Höchsten ist, und wendet sich Beschäftigungen zu, die nicht bloß nach oben führen. Die milden Wiesen, uralten Linden und lauschigen Föhrenwälder werden im Sommermond zum Schauplatz von Ausflügen, deren Ziel menschliche Erhebungen und Vertiefungen sind, während stumm in der Ferne die von anderen Menschen tagsüber bezwungenen, nachts den Menschen vernichtenden Dolomitenklötze stehen. Ich vermute, daß die Süße dieser Landschaft, von den Bozner Kaufleuten längst erkannt und in ihr Daseinsgefühl eingebaut, viel dazu beigetragen hat, daß ich mich zu einer unheroischen Lebensauffassung bekenne.

Viel verdanke ich meiner Schule. An Stelle der heutzutage allgemein üblichen Methode, prägsame naive Gehirne in eine Zwangsjacke von faktischem Wissen und nützlichen Fertigkeiten zu zwingen, pflegte man damals, zur Faschistenzeit, wundersame Rede- und Schreibübungen mit klingenden, triefenden und trutzigen Worten. Rasch lernten wir Sätze wie »lo straniero calpesta il suolo natìo intriso del sangue dei gloriosi fanti italici, mentre l'aurora di un nuovo avvenire etc. etc.« zu komponieren und in unendlichen Variationen umzugestalten (z. B. »i fanti calpestano l'italico suolo per un glorioso avvenire intriso di...«). Meine Noten waren vorzüglich. Reich und locker flossen aus meiner Feder solche Improvisationen aufs Papier, ungehemmt von der Scham, die meine Kollegen italienischer Muttersprache mit ihrem knorrigen tridentinischen oder feinsinnigen neapolitanischen Sprachgefühl bloß zu viel zurückhaltender benoteten Leistungen befähigte. Diesen frühen Übungen schreibe ich mein späteres Interesse an der Improvisationskunst im Jazz zu und sehe eine Parallele zu meiner eigenen Entwicklung darin, daß Benitos Sohn Romano zu einem der kompetentesten Jazzer Italiens geworden ist.

Aufgrund von damals berechtigt erscheinenden Hoffnungen schickte man mich ins Gymnasium, das den Namen eines der deprimierendsten Heimatdichter trug, Giosuè Carducci. Dort lernte ich Philosophie von Frau Rigatti, Biologie und Chemie von Frau Righetti, geborene Rigotti, zwei unvergeßlich geistreichen und schönen Damen, die, die eine 26 (Righetti-Rigotti), die andere 60 (Rigatti), mein Frauenbild sehr geprägt haben. Die beiden waren befreundet und spazierten in den Pausen Arm in Arm, über Philosophie redend, abseits von den andern Lehrern, die, lauter Männer, größtenteils damit beschäftigt waren, unsere geistige Entwicklung durch die Konfrontation mit Texten griechischer und römischer Rechtsanwälte zu bremsen. Ob ich Frauen lieber hab als Männer, weil sie mich in die Philosophie einführten, oder Naturphilosophie lieber als Rechtsphilosophie, weil sie von den Frauen kam, entzieht sich einer nachträglichen Kausalanalyse.

Die Schule war nicht der schlechteste Ort, sich trübe Wintervormittage zu vertreiben. Der tägliche Auftritt verschiedener

Lehrerpersönlichkeiten vor unseren empfindsamen Sinnen stärkte die Menschenkenntnis und half uns, Pietät gegenüber charakterlichen und sonstigen Unzulänglichkeiten zu entwickeln.

Gefährlicher waren die Wochenenden. Am Samstagnachmittag versammelte sich die schulische Jugend Italiens in faschistischer Verkleidung auf gewissen Exerzierplätzen. Es herrschte Unsicherheit über die Gestaltung dieser Nachmittage. Die Uniformen waren aus Milch gemacht (»Lanital«) und lösten sich bei Regen in einen an Ziegenkäse erinnernden Gestank auf. Die Musketen waren mit aufsteckbaren Bajonetten ausgerüstet und dienten theatralischen Effekten. Es war schwierig, so bekleidet und bewaffnet die Veranstaltungen frühzeitig unauffällig zu verlassen. Die Söhne prominenter Faschisten waren von dieser Wehrertüchtigung dispensiert. Ich verdanke diesen Nachmittagen eine Bereicherung des außerschulischen Wortschatzes, besonders in der italienischen Sprache.

Am Sonntag war es ähnlich. Getrieben von gesellschaftlichen Zwängen, schleppte man morgens Schier auf beschneite Berge, erfreute sich kurz der Erbsensuppe in der Hütte und wunderte sich bergab über die läppische Freude, die manche beim Rutschen von Brettern über zerdrückten Schnee erfüllte. Auch die Montur, die dabei vorgeschrieben war, war mit Unbequemlichkeiten verbunden. Die gestrickten Jacken, aus roher Wolle aus dem Sarntal gemacht, rochen nach Schafkäse, und es ist nicht verwunderlich, daß vor der Erfindung des Reißverschlusses am Hosenschlitz der eisige Fahrtwind, der bei der Abfahrt zwischen den Knöpfen hindurchpfiff, bleibende Schäden am völkischen Erbgut verursacht hat. Es mag mit den genetischen Schäden zusammenhängen, daß diese Sportart auch in späteren Generationen noch nicht ausgestorben ist, während das Spiel mit den Musketen und Bajonetten mittlerweile doch (wenigstens hierzulande) der Höherentwicklung der Menschheit zum Opfer gefallen ist.

Von den Kriegswirren verwirrt, verschlug es mich nach dem Kriege nach Innsbruck. Dort erlernte ich den Handel mit Geigen von Jakob Stainer aus Absam, sowie die Herstellung derselben. Als Material dienten mir Stücke zerbrochener Schier, die ich auf den Hängen der Tiroler Berge zusammensuchte, von denen seit alters her die Meister der Geigenbaukunst, auch die großen Italiener, ihr Holz bezogen hatten. Ich experimentierte mit Hickory für den Boden, Esche für die Decke. Meine Geigen klangen vorzüglich, wenn auch etwas hart. Zwei davon hängen in einem süddeutschen Privatmuseum. Ich verließ Innsbruck, als ich den Eindruck gewonnen hatte, in Tirol nichts mehr lernen zu können. Ich erhoffte mir auch eine Besserung meiner lästigen Migräne. Zur Erinnerung an Tirol bekam ich eine hübsche Geige mit Löwenkopf von der Hand des greisen Meisters selbst geschenkt. Ich war dann noch viele Jahre im Dienste der Firma Stainer unterwegs.

Rückblickend fällt mir auf, daß ich in Innsbruck, dieser schmukken Hauptstadt alpiner Urwüchsigkeit, zum ersten Mal verehelicht war, allerdings ohne daß ich es damals gewußt hätte. Wir legten Wert auf die Öffentlichkeit unseres Zusammenseins, sprachen nie über unser Schicksal oder gar über unsere Bindung, beredeten aber sonst viele gewichtige Probleme dieser Welt. Wenn wir verschiedener Meinung waren, so fuhren wir mit der Straßenbahn quer durch die Stadt, sie auf der vorderen, ich auf der hinteren Plattform. Auf dem Rückweg wendete sich das Schicksal, ich vorne, sie hinten. Durch die Bewegung und durch die wechselnden Perspektiven gelang es meist, den Standpunkt des anderen zu verstehen. Wir hatten viel Freude aneinander.

Eine der vorzüglichen Straßen, für deren Bau man den italienischen Behörden besonders dankbar sein sollte, ist der »Raccordo anulare«, die Umfahrungsstraße, über die man von Norditalien nach Süditalien gelangt, ohne die Hauptstadt der Christenheit zu berühren. Zu meiner Zeit gab es ihn nicht, und es führten noch alle Straßen nach Rom. Ich blieb bei meiner ersten Romreise am nördlichen Stadttor, der Porta del Popolo, verstört stehen und wurde von einer Kommune aufgenommen, die oberhalb des Stadttores angesiedelt war. Wenige Reisende haben die vier Fenster bemerkt, die Michelangelo geschickt und unauffällig in die Fassade der Triumphpforte eingebaut hatte und von denen aus man Eichendorff, J. W. v. Goethe, Viktor Emanuel II, die Südtiroler Abgeordneten, De Gasperi, Greta Garbo und andere Intellektuelle aus dem Norden bequem bei ihrem ersten Kontakt mit der ewigen Stadt beobachten konnte, so lange allerdings, bis ein System von Einbahnstraßen andere Zuleitungen des Fremdenstromes vorschrieb. Die Kommune bestand aus einer ungarischen Witwe, einer deutschen Baronin und einem Mädchen, das seinen Paß, seine Vorfahren, seine Erziehung und seine Seele von vier verschiedenen europäischen Völkern bezogen hatte. Ich entschied mich für die Mischung und nahm sie zu meiner zweiten Frau. Künstler und berühmte Leute, des Treibens auf den Botschaften müde, schätzten unsere gebildete Bohème und drängten sich auf unseren hübschen Teppichen. Furtwängler spielte auf unserem Flügel. Kokoschka aß unsere Nüsse und trank unseren Wein, Stefan Andres las aus der Bibel vor, Luis Trenker erzählte aus seinem Leben, und Ludwig Curtius schrieb über uns ein Kapitel Kulturgeschichte. An solchen Abenden stahlen wir uns oft davon, um fern von den ganz Großen Minuten der Zweisamkeit zu genießen. Nachts auf einem dieser Spaziergänge entdeckte uns die Schweizer Wache in den Kolonnaden des Vatikans, verhaftete uns und unterzog uns einem Verhör. Ich log, daß ich ein Mitglied der Südtiroler Volkspartei sei, und man schickte uns, mit Empfehlungen, wieder fort. Wir waren ein harmonisches Paar.

Eine Weile war meine Adresse viale dell'Università 30, die römische psychiatrische Klinik. Eine gute Adresse. Das Haus war von Glyzinien, Platanen und duftenden Linden umgeben. Ich schloß dort ein paar Freundschaften fürs Leben. Ihre Solidität ist in der Erkenntnis begründet, daß niemand was dafür kann, wie er ist. Ugo Cerletti und Lucio Bini, die Erfinder des Elektroschocks, nahmen sich meiner besonders an. Bini verdanke ich viel. Von ihm lernte ich, in der Dunkelkammer mit Filmen und Flüssigkeiten zu hantieren. Das Entwickeln von 9 × 12-cm-Platten Kodak Contrast Process Ortho wurde zu meiner Spezialität, in der ich bald Unübertreffliches leistete.

In dieselbe Zeit fällt auch meine Auseinandersetzung mit dem Film. Cinecittà wurde auf mich aufmerksam. Damals wurde überall in der Stadt, auf Hinterhöfen, in den Restaurants, ja selbst in unserer Klinik Neorealismus gedreht. Man übertrug mir einige entscheidende Rollen. Einmal spielte ich den Henker, ein anderes Mal den Arzt. Eine Arbeit von Rossellini und eine von Luchino Visconti – Scham verbietet mir, die Titel zu nennen – wären ohne meine Mitwirkung nicht zu den Streifen geworden, die das breite Publikum kennt. Beim Friseur konnte ich im Spiegel die Leute sehen, wie sie hinter mir auf mich zeigten. Manchmal verwechselte man mich mit Kirk Douglas. Ich pflegte einen Hauch von amerikanischem Akzent. Ich verdiente gut. Und doch hatte ich nach sieben Jahren das Gefühl, daß ich in der ewigen Stadt lange genug gelebt hatte. Ich packte meine schönsten 9 × 12-cm-Platten und meine Stainer-Geige zusammen und fuhr in die Vereinigten Staaten.

O Amerika, Land der unbegrenzten Möglichkeiten, Vergrößerungsspiegel Europas, zweite Chance der Menschheit, Zerrbild aller Tugenden und aller Laster, du Super-Tirol mit deinen Super-Almabtrieben und Superdirnen, ich liebte dich. Ich, der ich mich standhaft geweigert hatte, die Vajolet-Türme, ja sogar die Rosengartenspitze zu besteigen, zu Fuß bestieg ich das Empire State Building und jodelte, ja, jodelte zum ersten Mal in meinem Leben, hinüber zu meiner Braut, der Statue of Liberty. Ich dichtete – noch nie hatte ich vorher ein Gefühl so ernst genommen, daß ich es zu Papier gebracht hätte, und siehe, man entriß mir meine Blätter und druckte sie im New Yorker Magazine. Auf einmal konnte ich, was nicht zu können der Inhalt meines bisherigen Unterrichts gewesen zu sein schien. Ich spielte Beethoven auf meiner Stainer, vor ernsten Gesichtern in einem Konzertsaal auf der 57. Straße in New York (nicht zu verwechseln mit Carnegie Hall, ebenfalls auf der 57. Straße) – und hörte selbst Beethoven zum ersten Mal, ergriffen. Man klatschte. Als Geiger zählte man mich damals zu den oberen 10000 in New York. Meine Pianistin war Chinesin. Die Kraft der Frauenbewegung überwältigte mich, begeisterte mich. Ich schloß mich ihr an und half unzähligen amerikanischen Jungfrauen die Fesseln abstreifen, mit denen damals noch Konvention und Natur die freie Entfaltung ihrer Wesenheit hemmte. Ich sang Weihnachtslieder zweistimmig mit Thornton Wilder. Norbert Wiener lud mich zum Schach und diskutierte mit mir über das Denken. Viel haben die Amerikaner von mir gelernt, ich auch viel von ihnen. Lebensphilosophie. Dr. William Gardner von der Firma Yale, wo ich einige 9 × 12-cm-Platten entwickelte, pflegte zu sagen »I want to get some reading done«, wo unsereins gesagt hätte: Jetzt will ich was lesen gehen. Ich gewöhnte mir an zu sagen: »I must get some thinking done« oder »I want to get some meditation done« und löste endlich das Dilemma, das mich schon lange gequält hatte, die Schwierigkeit, das, was ich tat, in Worte zu fassen, die löblich klingen.

Manche Entscheidungen treffen sich von selbst. Ströme von Schweiß, die mein temperamentvolles Spiel bei sommerlichen Auftritten im feuchten Klima Massachusetts über meine Stainergeige ergossen hatte, machten den Leim wieder weich, und das zarte Gefüge kollabierte unter dem Druck meiner mächtigen Akkorde. Ich verkaufte das tirolische Kleinod an einen reichen Stümper und kaufte mir dafür eine Zugposaune. Eine Welt aus Holz und Leim und Besinnlichkeit – die eingelegte Wiege mit dem Uhu und alles, was sich daran anschloß – ging unter, und solidere Töne, solidere Instrumente – Blech, Jazz, Jericho – erklangen von nun an in meiner Umgebung. Ich wurde Mitglied einer Band (mit Hector Martignon, Klavier, Zen O'Boy, Schlagzeug, Karl Azop-Fète, Baß, und anderen), die sich später einer gewissen internationalen Bekanntheit rühmen sollte.

Die Chronik meiner Ehen im einzelnen weiterzuführen verbietet Diskretion und Anstand. Nur noch eine. Als meine Freunde eines Tages glaubten, erste Zeichen der Zerrüttung auf meinem Gesicht zu entdecken, sagten sie mir: Geh hin und such dir eine Frau. Ich ging auf die Straße und suchte trüb vor mich hin. Eine halbe Stunde später fand ich eine, die mir gefiel und die in keine der Kategorien paßte, in denen ich Menschen bis dahin zu klassifizieren pflegte: sie war weder groß noch klein noch dick noch dünn noch blond noch dunkel noch nordisch noch südlich noch östlich noch westlich noch gut noch böse noch lustig noch traurig. Ich fragte sie gleich, ob sie meine Frau werden wollte. Selbigen Tags gab sie mir positiven Bescheid. Am nächsten Tag waren wir verheiratet. Dieser Ehe entsprangen drei gesunde Kinder. Wenn ich im Folgenden »meine Frau« sag, meine ich diese.

Der Spezialist kommt herum. Ein neapolitanischer Philosoph, Zauberkünstler und Wörterschmied, hatte von meiner Kunst des Entwickelns von 9 × 12-cm-Platten gehört und schlug mir vor, mit ihm zusammen eine Schule vorsokratischer Philosophie aufzumachen. Mit Recht meinte er, das Entwickeln von Bildern sei so eigentlich das Anliegen seiner griechischen Vorfahren gewesen und ich müßte da helfen. Ich willigte begeistert ein, da mir der Golf von Neapel – dieses weibliche Genitale der Welt, wie jemand trefflich sagte, äußerst reizvoll erschien. Wir bauten unsere Akademie in Pozzuoli, in einem duftenden Pinienhain zwischen den schwelenden Phlägreischen Feldern. Das ging lange gut, und viele Leute kamen aus aller Welt, um bei uns um gutes Geld die Gedanken und

Bilder zu kaufen, die wir auf wunderliche Weise aus lauer Luft, Pinienduft, Schwefel und alter mittelmeerischer Weisheit produzierten. Bis dann der Bradisismo unserer Tätigkeit ein jähes Ende bereitete. Man versteht darunter das zwingende Gefühl, das die Neapolitaner manchmal befällt, daß sich der Erdboden unter ihren Füßen aufgrund vulkanischer Blähungen langsam hebt (bradisismo positivo) oder daß er einsinkt (bradisismo negativo). Das Gefühl befiel meine vorsokratischen Kollegen in solchem Maße, daß sie all ihr Hab und Gut in Kisten packten und auf diesen Platz nahmen, monatelang des grauenvollen Schicksals harrend, dessen Nahen sie unheilvoll empfanden. Ich kaufte vergilbte alte und uralte Postkarten des Serapistempels in Pozzuoli, dessen Säulen tatsächlich vor tausend Jahren, einer langsamen Erdbewegung folgend, halb im Meer versunken waren, aber offenbar, seit es Postkarten gibt, um keinen Zentimeter gesunken oder gestiegen sind, und versuchte damit die auf den Kisten sitzenden Kollegen zur Besinnung zu bringen. Nichts wird weniger belohnt als der Versuch, jemanden, der sein Schicksal träumt, mit der Wirklichkeit zu konfrontieren. Der Unmut der Vorsokratiker, die immer noch dort sitzen, sofern sie nicht selbst in die Kisten gesunken sind, vertrieb mich aus dem schönen Golf von Neapel.

Aber man kommt herum. Das California Institute of Technology in Pasadena (Los Angeles) lebt vom Verkauf von Ansichtskarten von Mondlandschaften und fernen Galaxien. Kein Wunder, daß man sich dort für meine Erfahrung im Entwickeln von 9 × 12-cm-Kodak-Contrast-Process-Ortho-Platten interessierte. Man bot mir eine annehmbare Stelle an und einen Titel, der mit der Bezeichnung »full« verbunden war, was ich als persönliche Anspielung auf meine fröhlichen Trinkgewohnheiten unangenehm empfand.

Mir gefiel Los Angeles sehr. Eine Art Meran, nur größer. Mutspitze und Tschigot: Mount Wilson und Mount Palomar, die großen Observatorien. Dorf Tirol: Pasadena mit dem berühmten Institut. Die Stadt: Mischung aus sächsisch und lateinisch da und dort. Algund: Hollywood. Nur größer. Man stelle sich Untermais 200 km ausgedehnt vor, die Laubengasse 30 km lang. Der Gedanke, im extremen Westen, an der Front der europäischen Menschheit zu agieren, faszinierte mich, doch suchte ich vergeblich nach Eingeborenen, die an der Pazifischen Küste noch etwas von der klassischen Kultur lernen wollten, die ich im Gymnasium-Lyzeum Giosuè Carducci in Bozen seinerzeit dankbar erworben hatte. Ich fand in Californien keine Wilden mehr.

So betrachtete ich mit Interesse das Angebot eines bundesdeutschen Vereins, der mit Vorliebe californische Projekte aufgreift und daher auf meine Tätigkeit aufmerksam geworden war. Ein Blick in die deutschen Illustrierten und das Anhören einer Sendung von deutschen Schlagern im Radio überzeugten mich sofort, daß die Front zwischen europäischer Kultur und Unkultur hier verlief und daß man als Pionier hier so recht am Platze war. So verschlug es mich, Frau und Kinder nach Tübingen. Ich entwickelte hier viele 9×12-cm-Platten. Aber man kann nicht allein vom Entwickeln von Bildern leben. Es müßte ein stumpfer Geist sein, den das warme, pulsierende Leben nicht inspirierte, das achtzehntausend Studentenseelen, angelockt vom Glanz lebendiger oder vergangener Tübinger Persönlichkeiten, in dieses schwäbische Dorf bringen. Wir kauften ein Haus im Zentrum, mit zwei Eingängen auf zwei verschiedenen Straßen. Den einen bewache ich. Er trägt die Überschrift »Seminar und Praktikum für psychosoziologische interpersonelle Kontaktforschung der ök. Ver. dt. Fr.« Dort übe ich meine Lehrtätigkeit aus. Zu meiner Freude gehören zahlreiche Studentinnen der ersten Semester zu den Besuchern des Seminars. Mein Hauptthema ist die Vereinsamung des Mannes und ihre Überwindung durch Nächstenliebe, und im Praktikum die Technik der menschlichen Ausdrucksbewegungen unter besonderer Berücksichtigung des Problems der Schüchternheit. Den anderen Eingang bewacht meine Frau. Er trägt keine Überschrift, bloß ein rotes Licht und ist mit einem roten Vorhang verschlossen. Einsame Männer, Dozenten und Gastprofessoren zählen zu unseren liebsten Besuchern, da sie leicht zu finanziellen Spenden für die Arbeit im Kontaktpraktikum angeregt werden können. Die eigentlichen Kontakträume befinden sich im Innern des Hauses. Beide Arten von Kunden, die meiner Frau und die meinen, wissen, daß nicht viel Worte für menschliche Kontakte nötig sind. So entstehen keine Mißverständnisse. Wir haben auf der einen Adresse wie auf der anderen zahlreiche Schreiben empfangen, die dankbarst bekunden, daß unser Unternehmen jedem das liefert, was er sich in seinem Innersten wünscht. Die Universität hat unser Haus, in Anerkennung der Tatsache, daß es einen Gedanken verwirklicht, der in den Urgründen der Akademie steckt, unter ihre Fittiche genommen. So entwickeln wir das Bild der Bilder, jedem das seine, das Bild der Menschlichkeit, solange es geht.

(Fortsetzung folgt, so Gott will.)

Vater und Mutter zum 87. bzw. 82. Geburtstag sowohl als auch Lorenzo da Ponte gewidmet.

NACHWORT

Die Aufsätze in diesem Band haben miteinander nicht viel mehr gemeinsam, als daß sie deutsch geschrieben sind. Das heißt freilich auch, daß sie nicht für meine Fachkollegen bestimmt waren, mit denen ich gewöhnlich auf englisch kommuniziere. Doch freue ich mich sehr, wenn sich der eine oder der andere von ihnen zu einem Spaziergang in die freundlichen Auen verführen läßt, die unsere streng gepflügten und gedüngten Äcker umgeben.

Buchhändler werden bei diesem Buch, wie schon früher bei Büchern von mir, Schwierigkeiten mit der Einreihung in bestimmte Sparten und Regale haben. Das liegt an meiner eigenen unscharfen Lokalisation im akademischen Gerüst. Ich bin als Wildwuchs aufgewachsen. Was ich im Gymnasium gelernt habe, hat mit meinem späteren Studium wenig zu tun. Das Fach, in dem ich promovierte, ist weit entfernt von dem, in dem ich mich dann habilitierte. Das Fach, das ich auf der Universität vertrete, gibt es eigentlich nicht, die Forschung, die ich betreibe, folgt einer Methode, die vor kurzem noch als unzulässig galt. Zwischen den Fakultäten, zwischen Freunden einerseits und Fakultäten anderseits, unter Freunden und/oder Kollegen erlebe ich Ungereimtheiten und suche nach Reimen. Das Interdisziplinäre sagt mir nichts, mein Interesse ist neodisziplinär. Um es zu propagieren, schreibe ich manchmal auf eine Weise, die am Geschmack der Gebildeten der verschiedenen Sorten vorbeigeht. Aus dem Sumpf der Unsicherheiten fische ich verhältnismäßig feste Gedanken, die in ihrer Isoliertheit humoristisch wirken können, es aber nicht sind.

Die drei Essays über das Gehirn bilden einen Block für sich. Sie führen näher heran an mein eigentliches berufliches Interesse, sind ganz frei von der Absicht zu unterhalten und müssen deshalb mit etwas mehr Anstrengung gelesen werden als die übrigen. Sie beleuchten das Thema von drei verschiedenen Richtungen und bieten dem Leser den computermäßigen, den psychologischen und den informationstheoretischen Aspekt der Hirnforschung zur Auswahl.

Zehn der vierzehn Stücke in diesem Band sind als Aufträge entstanden: Rundfunkvorträge (8, 10), andere Vorträge (9, 11), Aufsätze für Zeitschriften (1, 2, 6, 7) oder für kollektive Veröffentlichungen (10, 12, 13). 3, 4, 5, 6, 14 sind zuerst in der Südtiroler Kulturzeitschrift ›Arunda‹ veröffentlicht worden; 1, 2, 7 im ›Kursbuch‹ *78, 80, 84*; 8, 11 in der Nordtiroler Kulturzeitschrift ›Das Fenster‹. Die ›Stuttgarter Zeitung‹ hat in ihrem Feuilleton 1, 2, 9, 10 und 14 abgedruckt. 7 erschien als Vorabdruck in der ›Frankfurter Rundschau‹. Das einzige Stück, das sich auch auf dem wissenschaftlichen Parkett sehen ließ, ist 10, in: *Der Informationsbegriff in Technik und Wissenschaft* (Wissenschaftliches Symposium der IBM Deutschland), O.G. Folberth und C. Hackl (Hrsg.), München: Oldenbourg 1986.

REGISTER

Valentin Braitenberg, geboren 1926 in Bozen; studierte Medizin und Psychiatrie in Innsbruck und Rom, dort Habilitation für Kybernetik und Informationstheorie; zehn Jahre Lehrbeauftragter am Institut für Theoretische Physik der Universität Neapel; seit 1968 Direktor am Max-Planck-Institut für Biologische Kybernetik in Tübingen; Honorarprofessor für Informationsverarbeitung im Nervensystem an der Physikalischen Fakultät der Universität Tübingen und der Biologischen Fakultät der Universität Freiburg i.Br.; lebt, mit einer New Yorkerin verheiratet, in Tübingen, Meran und Neapel.

Einige Buchveröffentlichungen: *Gehirngespinste* (1974) – *Vehicles* (1984; dt. *Künstliche Wesen*, 1986)